Werner G. Faix · Christa Buchwald · Rainer Wetzler
SKILL-Management

Werner G. Faix · Christa Buchwald · Rainer Wetzler

SKILL-MANAGEMENT

Qualifikationsplanung
für Unternehmen und Mitarbeiter

GABLER

CIP-Titelaufnahme der Deutschen Bibliothek

Faix, Werner G.:
Skill-Management : Qualifikationsplanung
für Unternehmen und Mitarbeiter / Werner G. Faix ;
Christa Buchwald ; Rainer Wetzler. –
Wiesbaden : Gabler, 1991
  ISBN-13: 978-3-322-89202-7   e-ISBN-13: 978-3-322-89201-0
  DOI: 10.1007/978-3-322-89201-0
NE: Buchwald, Christa:; Wetzler, Rainer:

Der Gabler Verlag ist ein Unternehmen der Verlagsgruppe Bertelsmann International.

© Betriebswirtschaftlicher Verlag Dr. Th. Gabler GmbH, Wiesbaden 1991
Softcover reprint of the hardcover 1st edition 1991
Lektorat: Sibylle Willcocks

Alle Rechte vorbehalten. Das Werk einschließlich aller seiner Teile ist urheberrechtlich geschützt. Jede Verwertung außerhalb der engen Grenzen des Urheberrechtsgesetzes ist ohne Zustimmung des Verlages unzulässig und strafbar. Das gilt insbesondere für Vervielfältigungen, Übersetzungen, Mikroverfilmungen und die Einspeicherung und Verarbeitung in elektronischen Systemen.

Dieses Buch wurde auf säurefreiem und chlorarm gebleichtem Papier gedruckt.
Umschlaggestaltung: Schrimpf und Partner, Wiesbaden
Satz: Publishing 2000, Angela Fromm, Idstein

ISBN-13: 978-3-322-89202-7

Vorwort

SKILL-Management rückt zunehmend in den Brennpunkt unternehmerischen Interesses, da sowohl aus unternehmerischen Gründen (Konkurrenzdruck, Arbeitsmarkt, personelles Nullwachstum und damit verbunden zunehmendes Durchschnittsalter der Belegschaft, neue Formen der Arbeitsorganisation usw.) wie auch aus mitarbeiterorientierten Gründen (Wertewandel, Bedürfnisse an die Arbeit usw.) die Ressource „Mensch" gewinnbringender entwickelt und eingesetzt werden muß.

Der Aufarbeitung des Themas „SKILL-Management" wurde und wird im sonst so reichhaltigen Bücherdschungel bisher leider allzu wenig Platz eingeräumt, und nach unserem Dafürhalten gehört dieses Thema ganz und gar nicht zu den Ziehkindern einschlägiger Autoren, was unsere Aufgabe zwar nicht einfacher, jedoch um so brisanter werden ließ.

Es ist uns deshalb vor allem während der Schaffensphase ein Anliegen geworden, Erfahrungen, Anregungen und Gedankenleistungen den interessierten Führungskräften zugänglich zu machen und verantwortungsbewußte Menschen im Unternehmen ein Stück auf ihrem Weg durch die Herausforderungen der Zukunft zu begleiten.

Gleichsam war dieser Anspruch nicht immer leicht zu befriedigen, und man darf unverhohlen zugeben, daß sich manches bei der Niederschrift als „schwere Geburt" entpuppte und nur in gemeinsamer Anstrengung umgesetzt werden konnte.

Es muß zudem erwähnt werden, daß das Konzept „SKILL-Planer" das Ergebnis einer intensiven Arbeit eines Teams von Bildungsspezialisten, Personalern, Führungskräften und Fachspezialisten darstellt. Allen bei dieser Arbeit Beteiligten und insbesondere denen, die in vielen Gesprächen und Diskussionen mit Rat und Tat zur Seite standen, danken wir.

Für geistreiche Anregungen und Impulse bei der gestalterischen Verwirklichung des Buches sind wir darüber hinaus Marcello und Bruno Ceretto, Angelo Gaja, Bruno Giacosa, Graf von Neipperg, Bruno Rocca und Luciano Sandrone sehr dankbar.

Inhalt

Vorwort 5
Verzeichnis der Abbildungen 9

1. Einleitung 11

2. **Das Unternehmen der Zukunft –
   Herausforderung SKILL-Management** 15
   Personalwirtschaft im „Kreuzfeuer der Kritik" 15
   Dynamisches Umfeld – das Ruhepolster drückt 20
   Der Wandel auf dem Arbeitsmarkt 24
   Innovation – mehr als ein Modewort! 28
   Veränderte Organisationsformen: Das Beispiel
   „Fabrik der Zukunft" 32
   Dimensionen unternehmerischer Personalplanung ... 41

3. **SKILL-Management-Focus:
   Weiterbildung und Personalentwicklung** 49
   Zum Stand der gegenwärtigen betrieblichen Weiterbildung 49
   Neue Konzepte in der Bildungsarbeit 52

4. **SKILL-Management und SKILL-Planung** 63
   Strategische und operationale Qualifikations-Planung
   und -Steuerung – die Zukunftsformel 63
   Der SKILL-Planer 69
      Definition der Wissensgebiete und Qualifikationen 69
      Definition des Wissens- und Qualifikationskataloges 78
      SKILL-Stufen 84
      Definition des SKILL-Planers 88
      Anwendung: Die Führungskraft als Aktivposten 90
      Definition des Weiterbildungsangebotes SKILL-Plus ... 100

Vom SKILL-Planer zum SKILL-Management 106
    Mitarbeiterorientierung 106
    Unternehmensorientierung 115
    Exkurs 118

5. Schlußbemerkung 123

Literaturverzeichnis 129

Anhang 133
    Checkliste „SKILL-Planer" 135
    Auszug aus dem Tarifvertrag 136

Stichwortverzeichnis 141
Die Autoren 144

Verzeichnis der Abbildungen

Abbildung 1: Umfrage der IHK „Mittlerer Neckar"
Abbildung 2: Die Zukunft gehört den Qualifizierten
Abbildung 3: Der Wandel
Abbildung 4: Unternehmen der Zukunft
Abbildung 5: Arbeitsmarkt „Informatik"
Abbildung 6: Neue Berufe und Tätigkeiten
Abbildung 7: Arbeitsorganisation gestern
Abbildung 8: Arbeitsorganisation heute und morgen
Abbildung 9: Gruppenstruktur versus Tayloristischer Produktionsstruktur
Abbildung 10: Der Produktionsmitarbeiter in der Fabrik der Zukunft
Abbildung 11: Neue Formen der Arbeitsorganisation
Abbildung 12: Teamarbeit
Abbildung 13: Der Anforderungswandel
Abbildung 14: Technologiewandel am Beispiel der Entwicklung „Speicher-Bauelemente"
Abbildung 15: Halbwertszeit des Wissens
Abbildung 16: Wachstum des menschlichen Wissens (gemessen an wissenschaftlichen Erstveröffentlichungen)
Abbildung 17: Anlässe für Aus- und Weiterbildungsmaßnahmen
Abbildung 18: Verbreitung und Informationsgehalt von Personalstatistiken
Abbildung 19: SKILL-Planung
Abbildung 20: Geschäftsprozeß betriebliche Weiterbildung
Abbildung 21: Fabrik der Zukunft – ein ganzheitliches Modell
Abbildung 22: Schritte zum SKILL-Planer „Übersicht"
Abbildung 23: Definition der Wissensgebiete und Qualifikationen
Abbildung 24: Definition der Wissensgebiete und Qualifikationen am Beispiel „Betriebsingenieur"
Abbildung 25: Definition des Wissens- und Qualifikationskataloges
Abbildung 26: Mitarbeiter-Qualifikation im Unternehmen der Zukunft
Abbildung 27: Zwei Ebenen der SKILL-Planung
Abbildung 28: SKILL-Stufen
Abbildung 29: Einstufungsvarianten

Abbildung 30:	Definition des SKILL-Planers
Abbildung 31:	SKILL-Planungs- Arbeitsblatt
Abbildung 32:	SKILL-Planer – Anwendung und Ablaufdiagramm
Abbildung 33:	Führungskraft als Aktivposten
Abbildung 34:	Schritte zum SKILL-Planer und zum Weiterbildungsangebot
Abbildung 35:	Schritte zum SKILL-Planer – Beispiel Planungs-Arbeitsblatt
Abbildung 36:	Beispiel für die Verzahnung von SKILL-Planer und SKILL-Plus
Abbildung 37:	Schritte zum SKILL-Planer und SKILL-Plus im Überblick am Beispiel Produktion
Abbildung 38:	Qualifikationsanalyse für Gesamtunternehmen, Geschäftsbereich, Bereich, Hauptabteilung, Abteilung usw.
Abbildung 39:	Qualifikationsanalyse am Beispiel „Unternehmensbereich" für Gesamtunternehmen, Geschäftsbereich, Bereich, Hauptabteilung, Abteilung usw.
Abbildung 40:	SKILL-Planer – Qualifikationsanalyse
Abbildung 41:	SKILL-Management

1. Einleitung

Gegenstand dieses Buches ist das Management von menschlichen Fähigkeiten und Qualifikationen in Organisationen und Unternehmungen, heute allgemein unter dem Begriff „SKILL-Management" geläufig. Dieser Aspekt der Unternehmensplanung war bisher in seiner thematischen und konzeptionellen Darstellung ein eher ungeliebtes Kind und rangierte über Jahrzehnte hinweg auf den hinteren Plätzen unternehmerischer Aktivitäten. SKILL-Management hat erst in jüngster Zeit einen immensen Aufwind erfahren und nicht etwa, weil dieses Thema dem Zeitgeist entspricht, sondern vielmehr, weil der Erhalt von qualifizierten Mitarbeitern eine neuzeitliche unternehmerische Sorge widerspiegelt und in Fachkreisen als der ausschlaggebende Wettbewerbsfaktor der Zukunft gehandelt wird.

Einrichtungen und Institutionen, die sich dieses Themas annehmen, wachsen wie Pilze aus dem Boden und beackern mit Akribie das noch jungfräuliche Feld, politische Verantwortungsträger beauftragen Kommissionen mit der Suche nach der Qualifikation 2000, doch die Resultate scheinen bisher eher abtastend und kommen vielfach über die Erkenntnis nicht hinaus, daß diese Thematik an Wichtigkeit gar nicht hoch genug eingeschätzt werden kann.

Wie oft hört oder liest man mittlerweile den Satz, daß die Wettbewerbsvorteile der Industrienation Deutschland im internationalen Vergleich nur über das „Know-how" der Republikbewohner erhalten werden können, doch wie spärlich sind die Antworten, wenn man konkrete Qualifizierungskonzepte einfordert.

Längst fehlen die innerorganisatorischen Mechanismen, die Mitarbeiter in Organisationen an neue Qualifikationsprofile heranführen, zu sehr hat man sich dort über die Jahre hinweg mit der einfachsten Lösung begnügt und sich des reichlich angefüllten Arbeitsmarktes für die Beschaffung von Qualifikationen bedient. Doch diese „Regale" sind leer, qualifizierte Arbeitsuchende eine Seltenheit und eine sonst glanzvolle Überflußgesellschaft leidet Mangel, kränkelt an den Folgen einer jahrelang auf Verschwendung ausgerichteten Personalpolitik. Zudem sonnte man sich zu lange in den Erkenntnissen des „scientific management" und höhlte die innerunternehmerische Qualifikationsstruktur immer mehr aus, in der trügerischen Sicherheit, damit die entscheidenden Wettbewerbspluspunkte einzufahren. Diese allzu einfache Losung hat mittlerweile an Schwung verloren und entbehrt der Kraft, das Erfolgspendel neuerlich in Bewegung zu versetzen.

Ein für die Zukunft gerüstetes Unternehmen kann es sich nicht leisten, interne Ressourcen verkümmern zu lassen, und dies geschah zulange mit einer der wesentlichsten, nämlich der Mitarbeiterqualifikation.

Es wäre verfehlt, diese Versäumnisse in konkrete Vorwürfe umzuwandeln und die Verantwortlichen zu benennen, es handelt sich vielmehr um eine gesamtgesellschaftliche Herausforderung, die unter anderem von den technologischen Entwicklungen diktiert wird und die unsere Hemisphäre erst jetzt, an der Schwelle zum nächsten Jahrtausend trifft. Auch wenn wir die derzeitige Situation mit viel Kritik versehen und der unternehmerischen Qualifikationsplanung auf ihrem jetzigen Niveau wenig trostreiches abgewinnen können, geht es nicht darum, „Schwarze Peter" herauszufiltern.

„SKILL-Management" wendet seinen Blick von der Vergangenheit ab und richtet sich an all jene, die in Organisationen und Unternehmungen bereit sind, Verantwortung zu tragen, und aktiv den geschäftlichen Erfolg mitgestalten helfen.

Die weltweiten Konkurrenzbedingungen zwingen zum Handeln, zwingen Unternehmer und Verantwortliche, mit mehr Weitsicht zu agieren, wenn weiterhin schwarze Zahlen geschrieben werden wollen und die Auftragsbücher vor gähnender Leere bewahrt werden sollen. Unsere Devise lautet deshalb „dynamische Personalpolitik, weitsichtige Qualifizierung der Mitarbeiter, ‚SKILL'-managebarer Erfolg", und wir werden im Verlauf der Darstellung diese Schlagworte zum Leben erwecken und mit einem ausgereiften Konzept aufwarten, welches sämtliche SKILL-Management-Aspekte (Qualifizierungsplanung, Ausbildung, Mitarbeitereinsatz, Weiterbildung, Umschulung, Mitarbeiterbeurteilung, Führungskräfte-Entwicklung, Einstellung und Outplacement) aufgreift und in konkrete Handlungsoptionen überführt.

Zur Hinführung an diesen Themenkomplex problematisieren wir in einem ersten Teil jene Situation, wie sie gegenwärtig vorzufinden ist, sprich eine Personalpolitik, die qualitätsarm auf Trends und Entwicklungen reagierend lediglich an Symptomen kuriert, ohne kreativ und weitsichtig auf die Gestaltung und Ausgewogenheit der Mitarbeiterqualifikationen einzuwirken. In enger Bindung an diese als reaktiv verunglimpfte Personalpolitik benennen wir drei interdependente Größen, die die Brisanz dieser Problematik weiter untermauern sollen und haben hierfür a) den Arbeitsmarkt als externen Einflußfaktor gewählt.

Zum zweiten (b) handelt es sich um den Begriff der „Innovation", hinter dem sich die eigentliche Triebfeder unternehmerischer Veränderungen verbirgt, und drittens (c) die organisatorischen Modifikationen, die im Zuge des technologischen Wandels und verschärfter Konkurrenzbedingungen die unternehmerischen Gewohnheiten und Traditionen durcheinanderwirbeln.

Mit Hilfe dieser problematisierenden Darlegung hoffen wir, beim Leser jenes Bewußtsein und jene Offenheit zu schaffen, die dem dynamischen Konzept „SKILL-Management" angemessen erscheinen. Nach einem kurzen Ausflug in die „Dimensionen unternehmerischer Planung" und einem Einblick in derzeitige und zukünftige betriebliche Qualifizierungsanstrengungen, die innerhalb des SKILL-Management-Prozesses nicht zu vernachlässigen sind, erreichen wir als den Hauptgegenstand unserer Ausführungen den Komplex „SKILL-Management" samt dem instrumentellen Analysependant „SKILL-Planer".

Wir sind uns jedoch durchaus bewußt, daß das SKILL-Management einen jener Bereiche im Unternehmen verkörpert, die a) äußerst kompliziert handzuhaben und b) kaum delegierbar sind. Gerade deshalb muß dieser Managementaspekt einen sehr hohen innerorganisatorischen Stellenwert einnehmen, und er wird sicherlich zu einem neuerlichen Einflußfaktor in solchen Branchen, die einem starken Wandel unterliegen.

SKILL-Management ist und bleibt Aufgabe der oberen Verantwortungsebenen, und diese Arbeit vermögen auch wir mit unserem Beitrag nicht abzunehmen. Der von uns angelegte Anspruch begnügt sich damit, dem Leser ein Instrument aufzuzeigen und vorzustellen, mit dessen Hilfe das SKILL-Management griffiger wird und damit ein bisher nebulöser Planungsbereich an Transparenz gewinnt. Zudem wollen wir hier einen aktiven Beitrag leisten, weshalb der SKILL-Planer nicht wie viele Instrumente auf Gegebenheiten reagiert, sondern sich an einem zukünftigen Planungshorizont orientiert.

Im Verlauf dieses letzten Teils werden wir den Beweis führen, daß der Unternehmenserfolg analytisch unterstützt werden kann und daß hierfür eine konzipierte Personalpolitik durchaus dienlich ist.

Der Ergebnisausstoß dieses konsequent durchgezogenen SKILL-Managements tangiert sämtliche mitarbeiterrelevanten Bereiche in einer Unternehmung in bezug auf:

– Mitarbeiterentwicklung (individuell und funktionell),
– Personalentwicklung (Karriereplanung und Führungskräfteauswahl),
– Erfolgsplanung des Unternehmens auf der Grundlage einer leistungsfähigen Personalstruktur.

Erst wenn ein Unternehmen seine wichtigste Ressource erkannt hat und diese auch aufbaut, vergrößert sich die interne Leistungsfähigkeit und wird schließlich zum Erfolgsgaranten.

2. Das Unternehmen der Zukunft – Herausforderung SKILL-Management

Personalwirtschaft im „Kreuzfeuer der Kritik"

In der neu entstandenen Diskussion über den Qualifikationsgrad der Arbeitskräfte ist die traditionelle Personalwirtschaft „ins Gerede" gekommen und abwertend mit dem Attribut reaktiv versehen worden. Reaktiv deshalb, weil ihre konventionelle Rolle lediglich die Anpassung der Personalquantität und -qualität an marktliche und technische Fortschritte vorsah und dadurch zwar auf veränderte Produktionstechniken und Verwaltungsabläufe reagieren konnte, eine weitere Entwicklung aber nicht zu unterstützen vermochte, sich bei neuen Innovationen, wichtiger werdenden Qualitätskriterien, Arbeitsstrukturveränderungen und einer geforderten Kundennähe sogar als Hindernis darstellte.

In Phasen träger technischer Entwicklung und ausreichendem Arbeitskräfteangebot mochte diese Funktionsweise auch durchaus angemessen erscheinen. Kritisch hingegen (und hieraus rührt auch die Kritik) wird ein solches Verhalten, wenn technologische Schübe immer vehementer auftreten, wenn die qualitative Personaldecke im Betrieb und am Arbeitsmarkt immer dünner wird oder neu benötigte Qualifikationen gar nicht mehr bereitstellen kann und wenn demographische Prognosen die zukünftige Arbeitsmarktlage noch drastischer vorzeichnen.

Waren beispielsweise in den 60er Jahren im Maschinenbau Standzeiten der Fertigungsgeräte (und damit feststehende Berufsmuster) von zehn bis zwanzig Jahren typisch, so hat sich dieser Zeitraum heute in der Mikroelektronikindustrie auf zwei bis vier Jahre verkürzt (Weinerth 1986: 396).

Mangelnde Qualifikationen fördert auch eine Umfrage (vgl. Abbildung 1, folgende Seite) der Industrie- und Handelskammer „Mittlerer Neckar" zutage, derzufolge sich die qualifikationsbedingten Beeinträchtigungen in der Geschäftstätigkeit von 1983 bis 1990 in den befragten Betrieben drastisch verstärkt haben. 1990 sind es nur noch 12,7 Prozent der Tätigkeit der aufgenommenen Betriebe, in denen die Geschäftstätigkeit durch einen Mangel an Qualifikation nicht beeinträchtigt wird, während die

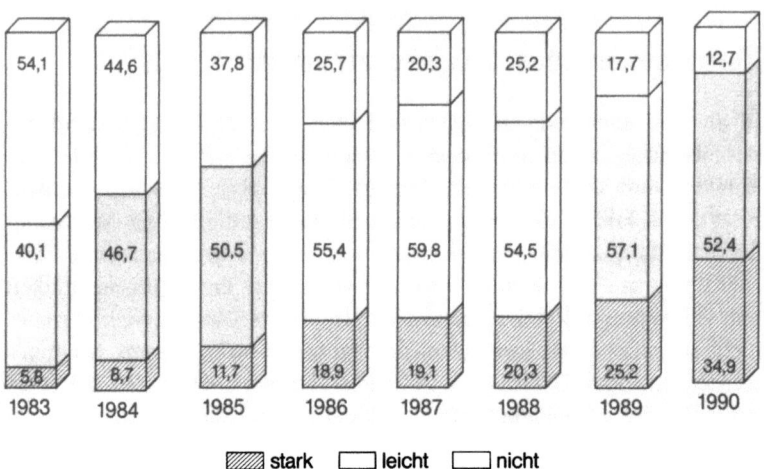

Abbildung 1: Umfrage der IHK „Mittlerer Neckar"
(Angaben in Prozent der antwortenden Unternehmen)

Anzahl der dadurch stark in Mitleidenschaft gezogenen Betriebe allein von 1989 bis 1990 mit einem Wachstum um nahezu vierzig Prozent auf 34,9 Prozent bedenkliche Dimensionen erreicht.

Ähnliche Anpassungsdiskrepanzen lassen sich auch im Hinblick auf die bestehende Arbeitsorganisation feststellen, und es bedurfte der lang unterschätzten Konkurrenz aus Fernost, um europäische und US-amerikanische Hersteller aus ihrem „Dornröschenschlaf" zu erwecken und die technokratischen Betriebsstrukturen etwas aufzuweichen und zur Disposition zu stellen. Mittlerweile wanken einige liebgewonnene Bastionen in der Arbeits- und Betriebswelt, und vielerorts wird laut darüber nachgedacht, wie mit alternativen Organisationsformen und neuen Arbeitsstrukturen die Produktion effizienter und wettbewerbsfähiger gestaltet werden kann.

Neben technischen Forschungs- und Entwicklungsanstrengungen rückt auch wieder stärker der Mensch in den Mittelpunkt solcher Überlegungen, da seine zum Handlanger der Maschine degenerierte Bedeutung die innovativen Veränderungen weder effektiv umsetzen noch aktiv unterstützen kann, er aber zugleich als Promotor der Entwicklungen unersetzbar wird. Wiedereinführung und Verankerung der Produktionsintelligenz beobachten auch Kern/Schumann (1984) in ihrer Studie und verweisen damit auf den Gegenausschlag zum tayloristischen Konzept der immer stärkeren Arbeitsteilung und Reduktion der Arbeitsvorgänge.

Die streng durchorganisierte Arbeitsteilung mit undurchlässigen Hierarchieebenen scheint unter genannten Umständen kein Tabuthema mehr zu sein. Der (noch) Topos von F. W. Taylor, wonach eine tiefverwurzelte menschliche Grundneigung seine Scheu vor Arbeit sei, die ihn veranlaßt, nur soviel zu arbeiten wie unumgänglich ist (1919: 18), erfährt im Rahmen der Diskussion nach neuen Qualifikationspotentialen eine Umorientierung und eine Aufwertung der menschlichen Arbeit.

Taylors Ergebnisse können sicherlich kaum in dieser Form als zeitlose Determinante ins „goldene Buch der Erkenntnisse" übertragen werden und bedürfen (als überkommenes Modell) einer zeitgemäßen Revision. Wenn der durchschnittliche Mitteleuropäer während seines aktiven Arbeitslebens rund vierzig Prozent seiner Zeit (Riekhof 1986: 23) irgendeiner Art der Erwerbsarbeit nachgeht, existieren allein schon wegen diesem hohen Zeitaufwand Bedürfnisse und Potentiale bei den Mitarbeitern, ihrer Tätigkeit mehr Sinn zu geben, anstatt sie ausschließlich als Erwerbsquelle zu begreifen.

Taylor und seine Geistesverwandten vernachlässigen zumindest eine weitere menschliche Grundneigung, nämlich die, etwas „Sinnvolles" leisten zu wollen, und reduzieren damit die mögliche Sinnhaftigkeit des Erwerbslebens auf die bloße Anwesenheit am Arbeitsplatz und den damit verbundenen, gesellschaftlich anerkannten Wert der Arbeit an sich (egal welcher Form auch immer).

Während seiner Arbeitszeit fällt der Mensch dann (interpretiert man Taylor weiter) in seinen „apathischen Urzustand" zurück und muß deshalb möglichst lückenlos an die Maschine und deren Rhythmus angepaßt und dadurch kontrolliert und bemessen werden. Der Mensch wird in einem solchen System zum Störfaktor, dessen Eigeninitiative hindert und der konsequenterweise weit aus der Produktion und anderen betrieblichen Abläufen zurückgedrängt werden soll. Mit penetranter Stringenz findet sich am gedanklichen Ende der unternehmerische Wunschtraum von der menschenleeren Fabrik, die losgelöst vom Produktionsschwachpunkt „Mensch" ihre Aufgaben erfüllt. Wahrscheinlich hätte den Gedankenvätern der wissenschaftlichen Betriebsführung diese Möglichkeit zu gewagt und gleichsam utopisch angemutet, dennoch konnten in den 70er und frühen 80er Jahren derartige, vom Menschen losgelöste Projekte realisiert werden.

Unternehmensbereiche arbeiteten wie von Geisterhand betrieben, Roboter wendeten und bearbeiteten Teile, Vollautomaten zerspanten mit höchster Präzision, und ein ausgeklügeltes Transportsystem sorgte für die reibungslose Weitergabe der Teile vom Rohling bis zum fertigen Produkt. Eigentlich hätte man in Anbetracht derartiger „Erfolge" erwarten müssen, daß diese Ansätze in der Folgezeit ausgebaut werden, und volkswirtschaftlich wären die entstehenden Probleme sicherlich lösbar, der Erhalt von Kaufkraft und Konsum hätte eben in einer anderen Form organisiert werden müssen; ein sicherlich nicht unmögliches Unterfangen.

Die Erfahrungen der 80er Jahre lehren aber anderes, und man kann beobachten, daß die technisch machbare, menschenleere Fabrik nicht mehr zu der Zielsetzung erfolgreicher Unternehmensführung gehört. Dies nicht zuletzt dadurch, weil ein zu hoher Automationsgrad durch Roboter, vollautomatische Bänder und dergleichen mehr a) dem raschen technologischen Wandel kaum mehr gerecht wird und b) bei rasch aufeinanderfolgenden Produktzyklen an Effizienz verliert.

Der Zeitaufwand und die Kosten bei der Installation solcher Anlagen hätten sich vielleicht noch bei den Produktzyklen und Maschinenstandzeiten der 60er Jahre amortisiert, jedoch kaum mehr unter den derzeitigen Rahmenbedingungen. Der zuendegesponnene taylorsche Ansatz darf unter aktuellen Vorzeichen getrost zur Seite gelegt werden; die momentan und in Zukunft benötigte Flexibilität und Innovationskraft kann nur von den in Organisationen beschäftigten Menschen aufgebracht werden. Doch derartig vernachlässigte Quellen müssen zu neuem Leben erweckt werden, und hierfür bedarf es auf unternehmerischer Seite der planenden und gestaltenden Einrichtung „SKILL-Management".

Diese Erkenntnis hat sich bedauerlicherweise noch nicht im Bewußtsein festgesetzt, und noch immer klammern sich viele Verantwortliche an die traditionelle Produktionsphilosophie, ohne zu erkennen, wie stark die Innovationsverluste mit dem Absinken des Qualifikationsniveaus auf der Ausführungsebene korrespondieren. Hochgradig zerteilte Arbeit ist immer mit einer Aufgabenminimierung verbunden, das individuelle Handeln wird dadurch stark fremdbestimmt und unbedeutend und mit dem Verlust der menschlichen Kreativität und Gestaltungskraft teuer bezahlt.

Die Effizienz einer solchen technokratischen Organisations- und Arbeitsstruktur ist ein Mythos, der nur solange als beste Lösung greift, bis seine Auswirkungen dem äußeren Konkurrenzdruck nicht mehr standhalten können und der deshalb relativiert und zurechtgerückt werden muß.

Dieser Prozeß scheint nun durch den internationalen Wettbewerbsdruck in Gang gekommen zu sein, und darf man den Zeichen der Zeit Glauben schenken, wird sich in den Dienstleistungs- und Industrieunternehmen

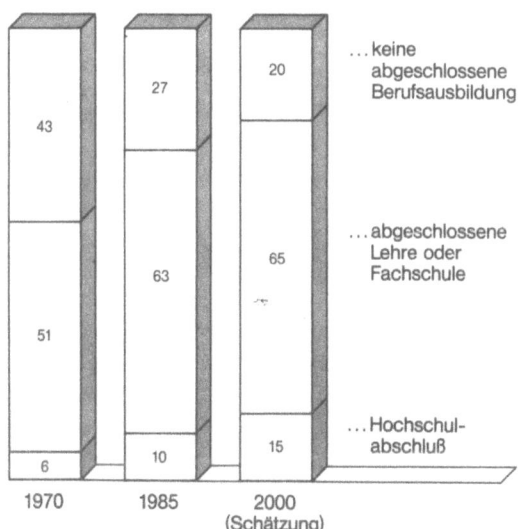

Abbildung 2: Die Zukunft gehört den Qualifizierten

eine ganz neue Form der Arbeitsbeziehungen mit neuen Inhalten herauskristallisieren. Neu auch in der Form, daß das Qualifikationsniveau der hier Beschäftigten eine unbeirrbare Steigerung zu verzeichnen hat, was sich auch in der Tendenz zu immer höheren Bildungsabschlüssen niederschlägt.

Abbildung 2, vorhergehende Seite, bereitet diese Veränderung in einer anschaulichen Form auf und verweist treffend auf den internen Zusammenhang, demzufolge „die Zukunft den Qualifizierten gehört". Für fernöstliche High-Boom-Länder ist dieser Zusammenhang schon heute wesentlich klarer als hierzulande, und während in Deutschland knapp dreißig Prozent eines Jahrganges die Hochschulreife erlangen, sind es in Japan bereits doppelt so viele (vgl. Faix/Laier 1989: 43). Der Erfolg dieser Länder kommentiert mit unbestechlicher Genauigkeit die Richtigkeit solcher Tendenzen und sollte jene okzidentalen Unkenrufer zum Schweigen bringen, die noch immer mit apokalyptischen Visionen vor einem zu hohen Bildungsniveau warnen.

Dynamisches Umfeld – das Ruhepolster drückt

Ziel des folgenden Abschnittes ist es, den eigentlichen Problemkomplex in einen aktuellen Bezugsrahmen einzubinden. Organisationen sehen sich im ausklingenden 20. Jahrhundert mit vielfältigen externen und internen Wandlungsprozessen konfrontiert, die ihrerseits Anlaß geben, bestehende Strukturen und Paradigmen zu hinterfragen.

Abbildung 3 verweist hierzu auf vier Hauptstränge, die mehr oder minder stark den Organisationsaspekt tangieren und mit deren Hilfe unter anderem das vorliegende „SKILL-Management"-Konzept begründet wird. So scheint der *Wandel auf den Absatzmärkten* diskussionswürdig, weil beispielsweise die Globalisierung der Märkte (und der damit einhergehende internationale Konkurrenzdruck) die existenten Organisationsstrukturen zu einem „Aufbruch nötigt" und die überlebensnotwendige Wettbewerbsfähigkeit deshalb stärker als in der Vergangenheit über den qualitativen Strang verfolgt werden muß. Dieses Moment wird zusätzlich durch *technologische Veränderungen* angeheizt und dynamisiert, in deren Fahrwasser sich zum Beispiel die Entwicklungszeiten für neue Produkte und

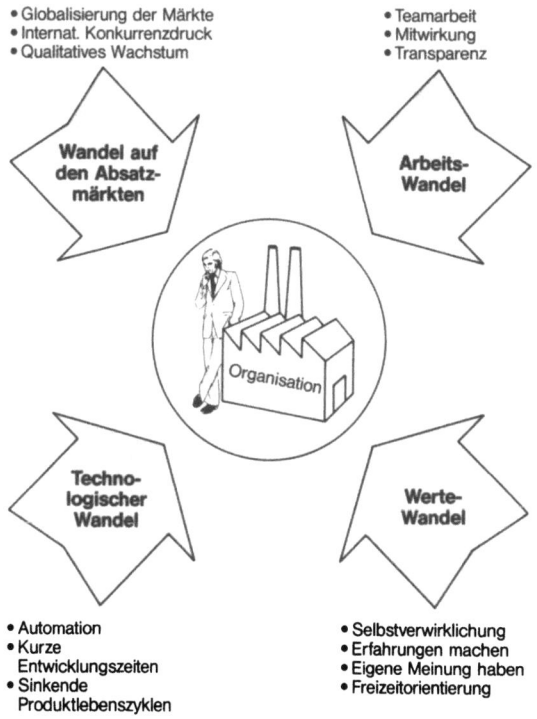

Abbildung 3: Der Wandel

letztlich auch deren „Gefälligkeit" am Markt erheblich reduzieren. Synchron zu diesen Brisanzen ist auf einen *Wertewandel* zu verweisen, der gleichsam alle gesellschaftlichen Schichten erfaßt und der auch an der bestehenden Organisationsstruktur nicht spurlos vorübergehen kann. Vielfach gemachte Beobachtungen verweisen deshalb auf organisatorische Anpassungstendenzen, die nach Wegen aus der sich abzeichnenden Misere suchen und mit Umstrukturierungen, Teamkonzepten und ähnlichem der neuzeitlichen Herausforderung begegnen. Allerorten liest oder hört man von Anpassungsanstrengungen, und das anvisierte Konzept „Unternehmen der Zukunft" macht überall die Runde, ohne dabei jedoch griffiger zu werden. Lassen Sie uns deshalb diese „Vision" etwas ausleuchten und diesem noch undifferenzierten Konzept die nötigen Konturen verleihen.

Erklärtes Ziel des „Unternehmens der Zukunft" (Abbildung 4) bleibt innerhalb einer marktwirtschaftlichen Orientierung selbstverständlich die Wettbewerbsfähigkeit am Weltmarkt, und diese wird mehr denn je von der Handlungskompetenz der beschäftigten Mitarbeiter abhängen.

Konkurrenzfähigkeit fußt bei verschärften Weltmarktbedingungen auf einer technologischen Spitzenstellung. Dies bedeutet letztlich für eine Organisation höchste Produktqualität zu einem möglichst niedrigen Preis.

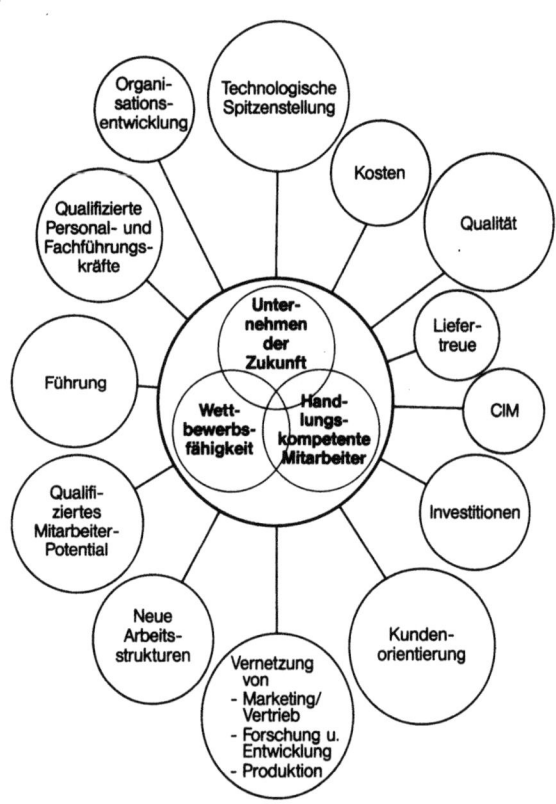

Abbildung 4: Unternehmen der Zukunft

Als neuer Faktor wird die „just-in-time"-Produktion angstrebt und dies gleichwohl in der Lieferabhängigkeit von Geschäftspartnern wie auch in einem Belieferungstransfer zu diesen. Ein Unternehmen erreicht diese Art der Flexibilität durch eine interne Vernetzung aller Produktionseinheiten (CIM-Konzept), wozu – nicht anders als bisher – Investitionen zu tätigen sind. Eine ebenfalls neuartige unternehmerische Herausforderung verkörpert die stärkere Hinwendung zum Kunden und dessen spezifischen Bedürfnissen. Die markigen Sprüche eines Henry Ford, daß sein T-Modell in jeder Farbe bestellt werden kann, vorausgesetzt sie ist schwarz, sind Klänge aus der Vergangenheit.

Um als Problemlöser für Kunden auftreten zu können, muß es intern zu einer engen Vernetzung der Bereiche Marketing, Forschung & Entwicklung, Vertrieb und Produktion kommen. Dieses zwecknotwendige Zusammenspiel aller Unternehmenseinheiten war innerhalb traditioneller Aufgabendifferenzierungen undenkbar. Nur mit dem Ausbau einer konstruktiven Bereichskommunikation sind die Anforderungen bewältigbar.

Neben der genannten Vernetzung sind im Bereich der Produktion schon vielfältige Neuerungen unter dem Schlagwort „Fabrik der Zukunft" mit neuen Arbeitsstrukturen und teilautonomen Arbeitsgruppen realisiert.

Der hieraus gezogene Schluß dürfte keineswegs überraschen, denn das Konzept „Unternehmen der Zukunft" bleibt nur stimmig, wenn auch die Mitarbeiter ihren qualifizierten Beitrag leisten und qualifizierte Führungskräfte ihre bisherige „Herrenrolle" in den Dienst der Gesamtaufgabe stellen. All dies kann jedoch nur funktionieren, wenn auch die existente Organisationsstruktur und -kultur kritisch hinterfragt wird und Unpassendes zur Disposition steht.

Unter Berücksichtigung der Einflußgrößen Arbeitsmarkt, Innovation und einem erkennbaren Organisationsumbruch (denen als externe oder interne Komponenten eine starke Rückwirkung auf die Qualifikationsanforderungen zukommt), sollen im weiteren Verlauf dieser Darstellung die oben genannten Ausführungen weiter spezifiziert und diskutiert werden, sprich die Dringlichkeit für das Management von Fähigkeiten dem aufmerksamen Leser vor Augen geführt werden.

Der Wandel auf dem Arbeitsmarkt

Bei einer differenzierten Betrachtung liegt es nahe, die veränderte Arbeitsmarktlage als externe Bedingungsgröße einzubeziehen.

Hohes Wirtschaftswachstum Ende der 60er bis Mitte der 70er Jahre führte in der Bundesrepublik Deutschland zur Voll- und sogar Überbeschäftigung und erforderte von der Personalarbeit vorrangig die Bewältigung quantitativer Personalengpässe. Beschaffungsprobleme und eine erhöhte Fluktuationsneigung der Arbeitskräfte bestimmten das Handeln und die Konzepte der Personalverantwortlichen, die zur Erfüllung ihrer Aufgabe zunehmend ausländische Arbeitskräfte für die bundesdeutsche Wirtschaft anwerben mußten.

Mit dem Konjunktureinbruch 1974 (zum Teil durch die Ölkrise bedingt) und einem rückläufigen Wachstum, setzte auf dem Arbeitsmarkt eine Trendwende ein, die Arbeitslosenquote kletterte auf einen Wert von 4,7 Prozent. Zusätzlich wurde seit Mitte der 70er Jahre auf Unternehmerseite von den drei Investitionsarten „Kapazitätserweiterung", „Kapazitätsersatz" und „Rationalisierung" die letztgenannte favorisiert, weshalb sogar die Investitionshilfeprogramme der damaligen Bundesregierung zu diesem Zweck verwendet wurden und sich entgegen der eigentlichen Intention in ihr Gegenteil verkehrten.

Die Zielsetzungen der Personalplanung verlagerten sich im Gefolge der veränderten Rahmenbedingungen von der Rekrutierung der Arbeitskräfte zu einer konjunkturangepaßten Regulierung. Personalabbau, Umbesetzungen und Umschulungen rückten in den Vordergrund, eine konstruktive, vorausschauende Personalpolitik wurde weder als sinnvoll noch erforderlich angesehen. Diese Tendenz setzte sich zu Beginn der 80er Jahre weiter fort, als die Wirtschaft ihre schwerste und längste Rezession seit der Nachkriegszeit durchlebte und das ohnehin hohe Arbeitskräfteangebot durch die herangereiften geburtenstarken Jahrgänge der 60er Jahre weiter anschwoll.

Der gemäßigte Aufschwung mit einem durchschnittlichen Wachstum von 2,5 Prozent, der nach 1983 einsetzte, konnte die Arbeitsmarktsituation nur bedingt entlasten, zumal noch immer geburtenstarke Jahrgänge auf den Markt drängten und eine wachsende Erwerbsneigung der Frauen das Angebot bereicherten (Himmelreich 1989: 28 ff.).

Ab 1985 wurde diese „beschaffungsfreundliche" Schräglage am Arbeitsmarkt durch eine explosive Erkenntnis durchbrochen. Gleich einem „Phönix aus der Asche" wurde deutlich, daß die Angebotsseite zwar weiterhin die quantitativen Ressourcen bereitstellen konnte, daß jedoch qualitativ hochwertige Arbeitskräfte nicht mehr in gewohnter Form zur Verfügung standen und zu einer Mangelware avancierten.

Das neugelagerte Beschaffungsproblem konterkarierte die eingespielte Aufgabenstellung betrieblicher Personalarbeit und eröffnete ihr ein neues Aufgabenspektrum, welches das Management von Qualifikationen einschließt, auf das viele Unternehmen kaum vorbereitet sein konnten und es bis auf den heutigen Tag nicht sind.

Tabelle 1: Quantitative Arbeitsmarklage

	Arbeitslose	offene Stellen
1970	148 486	794 117
1980	888 900	308 348
1988	2 241 556	188 621

Quelle: Statistisches Jahrbuch der BRD 1976 und 1989

Wie aus Tabelle 1 ersichtlich haben sich die Rekrutierungschancen auf der quantitativen Ebene in den letzten zwanzig Jahren zwar verbessert, gegensätzlich sind jedoch die Arbeitsmarktbeurteilungen auf der qualitativen Seite (siehe hierzu Drumm 1989), was die allgemeine Feststellung zuläßt, „daß der rasche technologische Wandel der Gegenwart tendenziell zu qualitativen Ungleichgewichten am Arbeitsmarkt führt, da die Entwicklung der Nachfrage der Entwicklung des Angebotes qualitativ vorauseilt" (Dincher u. a. 1989: 82).

Das Problem von Langzeitarbeitslosen, deren Qualifikationsabstand immer gravierender wird, sei hier nur am Rande angemerkt. F. Köhne, Vorstandsmitglied bei BMW, verweist auf derartige Disparitäten und orakelt weiter, daß der „Wettbewerb um qualifiziertes Personal in Zukunft noch erbitterter als der um Kunden" werden könnte (Faix/Laier 1989b: 42).

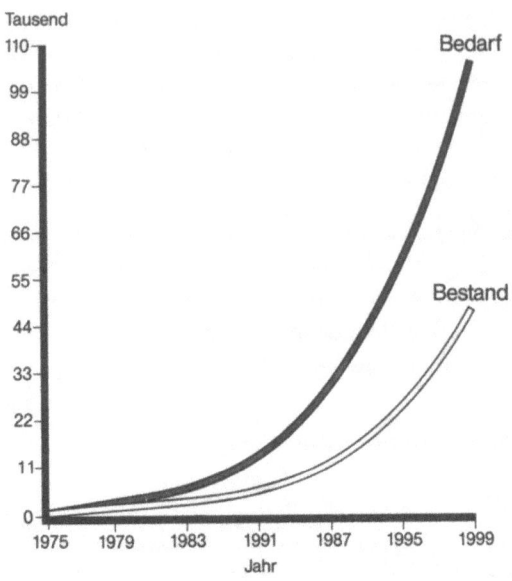

Quelle: BFA Institut für Technik Universität Karlsruhe 1987

Abbildung 5: Arbeitsmarkt „Informatik"

Mit Blick auf die zukünftige Arbeitsmarktsituation wird sich auch auf der quantitativen Ebene eine Veränderung abzeichnen, und bis etwa 1994/95 muß mit weiter zurückgehenden Nachwuchszahlen gerechnet werden. Danach wird sich die Zahl des potentiellen Arbeitskräftenachwuchses auf einem gleichbleibenden Niveau einpendeln, wobei sich aber die altersbedingten Abgänge vom Arbeitsmarkt erhöhen und somit die absoluten Zahlen weiter sinken werden. (Ob die veränderten Bedingungen nach der Realisierung des EG-Binnenmarktes diese Entwicklungen entschärfen können, läßt sich aus dem momentanen Kenntnisstand nur sehr fehlerhaft ableiten.)

Schärfer zeichnen sich die Entwicklungslinien auf der Qualifikationsseite ab, wo sich der Bedarf an „hochwertigen" Arbeitskräften mit teilweise neuen Fertigkeiten und Qualitäten immer dringlicher darstellt (Himmelreich 1989:28 ff.).

Als anschauliches Beispiel kann der Arbeitsmarkt „Informatik" (Abbildung 5) herangezogen werden, innerhalb dessen die Kluft zwischen vorhandenen Kapazitäten und dem tatsächlichen Bestand immer drastischer auseinanderstrebt, und bis zum Jahr 2000 werden die Rekrutierungsprobleme in diesem Sektor die Unternehmen vor schwer lösbare Aufgaben stellen. Allein in dieser Fachrichtung oder treffender in der allgemeinen Stoßrichtung „Informationsverarbeitung" werden die Veränderungen mehr innerbetriebliche Bewegung fordern, als dies gewünscht werden kann (Abbildung 6), und die Zahl der DV-abstinenten Arbeitsplätze befindet sich in rasanter Fahrt auf dem Rückzug.

Eine erfolgreiche Personalpolitik muß bei knapper werdenden externen Ressourcen mehr und mehr auf die betriebsinternen Kräfte zurückgreifen und dieses Potential erfolgversprechend auf die zu erwartenden Veränderungen vorbereiten.

Doch nicht nur der äußere Arbeitsmarkt entbehrt qualitativer Ressourcen, auch Unternehmensinterna tragen ihren Anteil an diesem Dilemma. Trotz einem Wirtschaftswachstum (Zunahme des Bruttosozialprodukts) für das

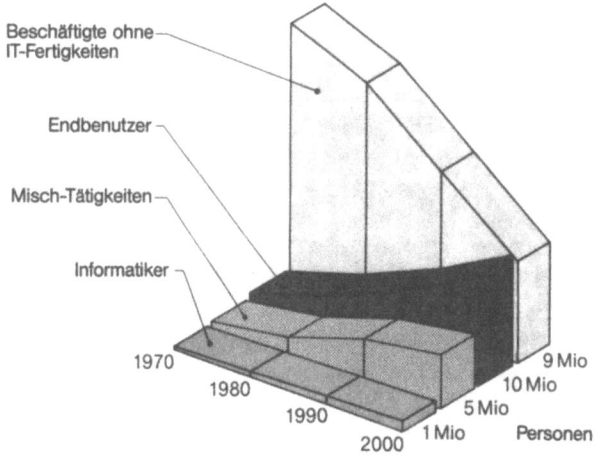

Quelle: Institut für Arbeitsmarkt und Berufsforschung

Abbildung 6: Neue Berufe und Tätigkeiten

ganze Jahr 1988 von nominal fünf Prozent und real, das heißt nach Abzug von Preissteigerungen, von 3,4 Prozent (1987: 3,9 bzw. 1,8; Zahlenmaterial aus: Haefs 1989: 186), verzeichnen die Unternehmen im Personalsektor eine eher bescheidene Entwicklung, die treffender mit dem Begriff „Nullwachstum" umschrieben werden kann. Erklärungsvarianten für dieses Phänomen sind zahlreich; in unserem Zusammenhang erscheint jedoch die Tatsache interessant, daß die Produktivität durchaus mit einem konstanten Mitarbeiterstamm gesteigert werden kann, und das bedeutet weiter, daß hier latent eine „Sperre" existiert, die neue Qualifikationsbeschaffungen aus dem Umfeld erschwert.

Oft ist die Fluktuationsrate und das Outplacement der einzige Puffer, der junge Absolventen und damit ideenreichen und qualifizierten Mitarbeitersatz ins Unternehmen bringt. In diesem Zusammenhang werden zum Beispiel auch Vorruhestandsregelungen verständlicher, die einer qualitativen „Auffrischung" durchaus zuträglich sein können, aber ebensowenig den gesamten Qualifikationsbedarf zu stillen vermögen.

Innovation – mehr als ein Modewort!

Die zweite Komponente, die in diesem Zusammenhang zur näheren Betrachtung herangezogen werden soll, behandelt den Begriff „Innovation". Innovativität ist zum Inbegriff für die Leistungsfähigkeit von Volkswirtschaften und Unternehmungen geworden (Gussmann 1988: 1) und unterscheidet sich qualitativ vom Begriff der Flexibilität, der sich stärker an der Anpassungsschnelligkeit an Markt- und Produktveränderungen ausrichtet.

Im umgangsprachlichen Gebrauch (und somit auch im individuellen Bewußtsein) wird von Innovationen hauptsächlich dann gesprochen, wenn neue Technologien heranreifen oder technisch versiertere Produkte auf den Markt kommen. Dadurch erlangt der Begriff eine stark technische Gewichtung, und obwohl dies nicht grundsätzlich falsch ist, werden interaktive Bezugsgrößen vernachlässigt oder nur unzureichend mit dem Innovationsprozeß assoziiert.

Der allgemeinsten Definition zufolge können Innovationen als „neuartige Veränderungen" aufgefaßt werden (Arreger 1976; 115) und lassen sich konsequenterweise nicht auf eine technische Eingleisigkeit reduzieren. Man muß ferner davon ausgehen, daß technische Innovationen nicht eindimensional sind, sondern sich in einer ständigen Wechselwirkung mit den betreffenden Umsystemen (zum Beispiel Organisationsform einer Unternehmung, Qualifikationspotential des Mitarbeiterstammes) befinden.

Eine technische Entwicklung kann nur dann erfolgreich vonstatten gehen, wenn auch in den betreffenden Umsystemen die Neuerungen mitgetragen und mitvollzogen werden.

Corsten (1983: 3) untergliedert und systematisiert für den unternehmerischen Bereich den Begriff der Innovation in:

- *Verfahrensinnovation*, das heißt die Veränderung der Produktionsprozesse, um eine Produktivitätssteigerung zu erreichen (oder auch die Sicherheit der Verfahren zu erhöhen), was häufig in die drei Phasen Ideengenerierung / Ideenakzeptierung / Ideenimplementierung geteilt wird.

- *Produktinnovation*, die dem Sachziel von Organisationen dient, ihre am Markt abzusetzenden Güter, die Anzahl und so weiter zu verändern und nutzbar zu machen (ergebnisorientiert). Bei diesem Innovationsaspekt spielt auch der Vertrieb oder, in generalisierter Form, der gesamte Dienstleistungssektor eine nicht unbedeutende Rolle. Wie will beispielsweise ein Vertriebsbeauftragter Kundenwünsche erkennen und befriedigen oder eine kundengerechte Problemlösung anbieten, wenn er nicht auf der Höhe der technologischen Entwicklung ist und die Produkt- und Dienstleistungsvielfalt seiner Organisation souverän nach außen zu vertreten und anzubieten weiß.

- *Sozialinnovation*, welche die Veränderungen im Humanbereich beinhaltet.

Diese drei Innovationstypen stehen bei technologischer Komplexität in engem Wechselspiel zueinander, und die Erfahrungen beispielsweise der Mikroelektronikbranche bestätigen diesen Zusammenhang.

Um heutzutage marktgerechte mikroelektronische Produkte zu kreieren und zu fertigen, genügt es nicht mehr, die Technologie auszufeilen und weiterzuentwickeln, es wird vielmehr genauso zwingend, die Arbeitsstrukturen und Organisationsformen zu modifizieren und die Belegschaft qualitativ weiterzuentwickeln.

Die Schwachstellen im Innovationsprozeß sind letztendlich nicht nur auf die F&E (Forschung und Entwicklung) und den Fertigungsprozeß abzuwälzen, sondern korrespondieren

a) mit organisatorischen Aspekten:
 - geringes Innovationsbewußtsein der Unternehmung
 - zu große Anzahl organisatorischer Ebenen
 - zu hoher Spezialisierungsgrad
 - mangelnde Koordination und Kooperation zwischen F&E, der Produktion und dem Marketingbereich

b) mit personellen Aspekten:
 - mangelnde Fähigkeiten der Mitarbeiter
 - mangelnde Innovationsbereitschaft der Mitarbeiter, die sich teilweise aus einer ungenügenden Beteiligung und unzureichender Information über geplante Innovationen ergeben (vgl. Corsten 1989: 9)

Um innovativ wirtschaften zu können, müssen Möglichkeiten für neuartige Veränderungen fester Bestandteil der Unternehmenskultur sein. Die Innovationsbereitschaft wird dann eine elementare Tugend von Organisationen, die somit auch von den Mitarbeitern als lernfähige Systeme eingeschätzt werden, in denen existierende Regeln und Abläufe jederzeit hinterfragt werden können.

Innovation (auf allen Betriebsebenen) wird als feststehender Wert dieser Kultur zu einer erwünschten, angestrebten Verhaltensweise und entpuppt sich als wirksames Mittel gegen die uneffiziente Verkrustung von Organisationen (vgl. Gussmann 1988: 241).

Zur Verankerung dieses Wertes reichen jedoch Lippenbekenntnisse kaum aus. Es muß vielmehr ein Klima geschaffen werden, das Experimente begünstigt, Kreativität fördert und das sich durch folgende Eigenschaften auszeichnet:

- Hoher Stellenwert der Innovation im Wertesystem der Organisation
- Toleranz gegenüber Fehlschlägen
- Die Risiken für Mitarbeiter bei organisatorischen Veränderungen müssen minimiert werden.

- Informationen über geplante Innovationen dürfen nicht als knappes Gut gehandelt werden.
- Bemühungen um Innovationen müssen belohnt werden.

(vgl. Corsten 1989: 14)

Die traditionelle Managementphilosophie mit ihrer technokratischen Grundhaltung zur Steuerung eines Unternehmens ist ungeeignet, Bewegung zu Neuem und Innovativem in Gang zu setzen. Die Forderung lautet, daß Unternehmer wieder unternehmerischer werden und ihr Denken und Handeln entsprechend verändern, genauso wie dies auch von und in den Mitarbeitern gefördert werden muß.

Innovationen können vor allem dann gedeihen, wenn ein Unternehmen Perspektiven, Strategien und Visionen für die Zukunft formuliert, werden aber andererseits gehemmt, solange bürokratische Verwaltungs- und Steuerungsfunktionen das Verantwortungsbewußtsein des einzelnen einschränken. Immer klarer zeichnet sich ab, daß die zukünftigen Produkte, die in hochentwickelten Ländern wie der Bundesrepublik Deutschland hergestellt werden, nur einen geringen Teil ihres Wertes aus mechanischer Arbeit beziehen, während der Großteil ihrer Wertschöpfung aus der Qualität des Denkens und der Innovationen resultiert.

Hiesige Wettbewerbsvorteile werden immer mehr darauf beruhen, anders und vor allem besser zu produzieren als die auf den Weltmarkt drängenden Billiglohnländer. Das Know-how zur Herstellung von Produkten veraltet, die Produktionsverfahren und Technologien sind einer rasanten Verbreitungsgeschwindigkeit ausgesetzt, was zur Folge hat, daß innovationsarme Industriezweige nur noch in Ländern mit billigen, weniger qualifizierten Arbeitskräften überleben können.

Die heutige Welt ist einem ständigen Wandel ausgesetzt; wir können uns nicht mit vergangenen Erfolgen beruhigen in einer Welt, in der es ohne überlegtes Handeln keine prosperierende Zukunft gibt und in der die Produktivität von Innovationen der Produktivität von Produkten ebenbürtig ist. Innovationsfähigkeit als Folge einer optimalen Qualifikation bestimmt primär die Wettbewerbsfähigkeit und damit den geschäftlichen Erfolg. Wenn die Konkurrenz neue Produkte und Verfahren entwickelt, muß man selbst Neues und qualitativ Höherwertiges bieten können, um nicht in geschäftlichem Mißerfolg zu enden.

Innerhalb traditioneller Betriebsstrukturen (und diese Form ist in Deutschland leider noch die Regel) mag das Innovationspotential der Mitarbeiter sicherlich weiterhin als unerwünschter Störfaktor angesehen werden, und getreu dem Schumpeterschen Ansatz (Schumpeter 1939: 93) bleiben die Kreativität und der Innovationswille Sache der entwicklungsfreudigen Unternehmer oder der dafür eingerichteten Stäbe!

Ein moderner, international wettbewerbsfähiger Betrieb wird aber auf das gesamte Innovationspotential seiner Mitarbeiter angewiesen sein und wird dafür Sorge tragen müssen, daß seine Beschäftigten auch mit den dafür benötigten Qualifikationen ausgerüstet sind. Der (immer noch verschwenderische) Umgang mit diesen Potentialen kann und darf fortan nicht mehr dem Zufall überlassen bleiben, kein Unternehmen kann auf Dauer die wertvollste interne Ressource großmütig übersehen, ebensowenig wie es auf ein ausgeklügeltes SKILL-Management verzichten kann.

Veränderte Organisationsformen:
Das Beispiel „Fabrik der Zukunft"

Zur weiteren Unterstützung der These, daß der zukünftige Erfolg eines Unternehmens von der Qualifikation seines gesamten Mitarbeiterstammes abhängt, thematisiert der nun folgende Teil den allenthalben nachvollziehbaren Organisationsumbruch in europäischen Groß-, aber auch mittelständischen Betrieben als dritte und letzte Umfeldkomponente.

Organisationen können als zielgerichtete Systeme begriffen werden, in denen die Zusammenarbeit von Individuen so koordiniert wird, daß Güter oder Dienstleistungen in einer marktgerechten Form effizient geschaffen werden können. Es kann weiter angenommen werden, daß Organisationen oder die darin festgelegten Strukturen in einer direkten Verbindung mit dem vorherrschenden technischen Standard, der Wettbewerbssituation am Markt und sicherlich auch mit dem herrschenden Menschenbild stehen (vgl. zum letzten Punkt: Edgar Schein 1980).

Um diesen letztgenannten Punkt zu illustrieren, braucht man nur den Blick ein kurzes Stück in unsere Vergangenheit schweifen zu lassen und entdeckt die weitverbreitete Vorstellung vom „homo oeconomicus" aus dem ersten Sechstel des 20. Jahrhunderts. In dieses Gebilde vom Wirtschaftsmenschen sind die wissenschaftlichen Annahmen eingearbeitet, daß das Individuum wesentlich durch monetäre Anreize und sein Streben nach einem Höchstmaß an Gewinn motiviert ist. Da in der Marktwirtschaft die ökonomischen Anreize in nicht unwesentlichem Maß bei den Unternehmen liegen, befindet sich genau dort ein nicht von der Hand zu weisendes Streben nach Effizienz, der abhängig beschäftigte Mensch wird zunächst einmal zum Objekt (vgl. Ulich 1987: 5).

Dieser Sichtweise schließen sich die Prinzipien des „scientific management" von Frederick Winslow Taylor lückenlos an, mit dem Ergebnis einer strukturellen Ausdifferenzierung in eine ausführende Ebene und eine gestaltende Führungsebene, deren Funktion sich vorrangig am Planen, Organisieren und Kontrollieren ausrichtet. Das Managen wird als Prozeß begriffen, in dem „the working man is told minutely just what he is to do, and any improvement he makes upon the instructions given to him is fatal to success" (Taylor 1906). Obwohl sich die Arbeit in einem solchen System immer weiter zerteilt und die Tätigkeiten immer mehr an Inhalt verlieren, sahen die Vertreter der wissenschaftlichen Betriebsführung (trotz sinnentleerter Arbeit) keinen Konflikt zwischen Motivation und Effizienz, weil sich die dadurch gesteigerte Produktion auch positiv auf die Lohnentwicklung auswirkte und somit die Nutzenmaximierung für alle Beteiligten gewährleistet war (vgl. Hartfiel 1976: Stichwort „Betriebsführung").

Fachabteilungen mit speziellen Aufgabengebieten und einem strikt arbeitsteiligen Denken gehörte fortan die Zukunft, und wenn auch diese rationalistisch-materialistische Interpretation der individuellen Arbeitseinstellung durch die Human-Relation-Bewegung um eine soziale Komponente erweitert wurde, blieb doch die Ausdifferenzierung in spezielle Fachgebiete und Tätigkeiten. Konzeptionelles Denken blieb, wenn überhaupt vorhanden, auf Abteilungen oder Bereiche beschränkt, und auch immer wieder laut werdende Forderungen nach Kooperation verhallten ungehört vor dem Hintergrund einer zur Perfektion getriebenen arbeitstechnischen Ausdifferenzierung (vgl. Reuss u. a. 1988: 17 f.).

Die Zeichen der Zeit, und hier wären wiederum die technologischen Entwicklungen sowie ein verschärfter internationaler Wettbewerb zu nennen, stehen aber auch bezüglich organisatorischer Strukturen auf Veränderung (vgl. Abbildung 3 auf Seite 21). Exklusive Kundenwünsche

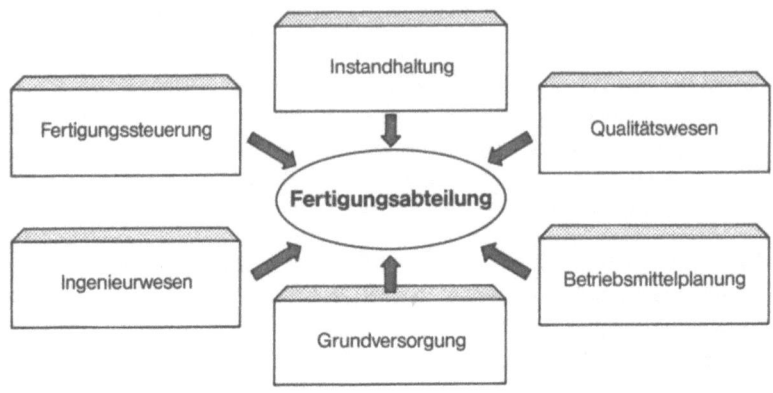

Abbildung 7: Arbeitsorganisation gestern

bedingen die Erhöhung der Typenvielfalt von Produkten, und dies bedeutet kleine Losgrößen, schwankende Stückzahlen und trotzdem kurze Lieferzeiten. Auch die Entwicklungen der Mikroelektronik auf der technologischen Seite verkürzen die Produkt- und Prozeßinnovation und reduzieren die Produktlebensdauer am Markt. Schließlich sollte auch darauf verwiesen werden, daß der gesellschaftliche Wertewandel und gesteigerte berufliche Erwartungen der Beschäftigten zu einer attraktiveren und sinnvolleren Arbeit hintendieren (vgl. Lentes 1986: 4 f.).

Traditionell zerteilte Unternehmensstrukturen in die wohlbekannten Funktionsbereiche haben erfahrungsgemäß auch eine große Anzahl Schnittstellen, an denen Reibungsverluste unvermeidbar sind. Wo Abteilungen zusammenragen, entstehen Leerräume, wird die Verantwortung hin und her geschoben und das gemeinsame Unternehmensziel aus dem Auge verloren. Wo Kompetenzbereiche hierarchisch festgelegt sind, verschwindet das Interesse für ein Quentchen mehr an Initiative oder wird durch ein umfassendes Regelwerk gar nicht ermöglicht. Aufgabenminimierung fördert Apathie gegenüber allem und jedem, was nicht in direktem Zusammenhang mit der speziellen Tätigkeit steht.

Die aufgezeigten Schwachstellen einer bis ins Detail greifenden Arbeitsteilung waren lange Zeit der Schlüssel zum Erfolg. Um ein Unternehmen im letzten Sechstel dieses Jahrhunderts überlebensfähig zu machen, bedarf es aber eines Husarenstückes ganz anderer Güte.

Da jede noch so gut gemeinte Kritik nur dann sinnvoll ist, wenn sie auch mit zumindest ansatzweisen Lösungen aufwartet, sollen im anschließenden Teil zwei Folgerungen für ein erfolgreiches Wirtschaften in der Zukunft aufgegriffen werden, die wir am Beispiel der Produktion verdeutlichen.

Als Einstieg in dieses Problemfeld verweist Abbildung 7 exemplarisch auf eine traditionelle Produktionsabteilung und deren Einbettung in ein komplexes Organisationsgefüge. Versorgung, Steuerung, Planung und Instandhaltung sind aus diesem Fertigungssegment ausgelagert, und diese Einengung des Aufgabenfeldes fixiert die dort Beschäftigten auf ihre spezielle Tätigkeit, konzeptionelles Denken findet höchstens noch abteilungsintern statt.

Die Gesamtverantwortung für die Fertigungsprozesse liegt irgendwo zwischen den zusammenragenden Abteilungen, die Schwachstellen sind virulent und die Organisationsstruktur verschließt sich somit einem möglichen Engagement oder der Eigeninitiative der involvierten Mitarbeiter. Genannt seien hier einige Merkmale, die für die Fabrik der Vergangenheit typisch waren:

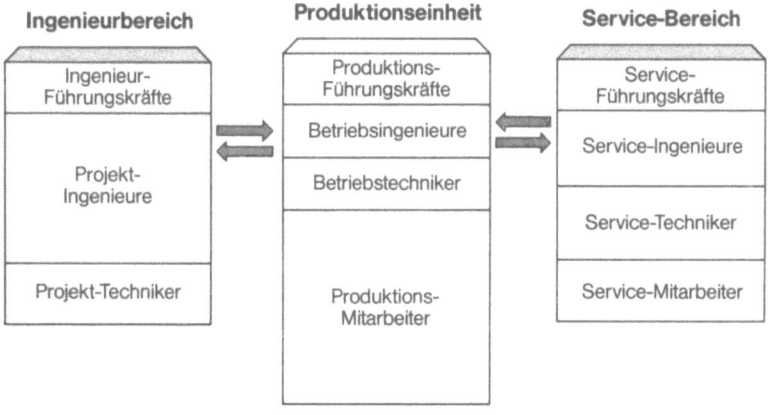

Abbildung 8: Arbeitsorganisation heute und morgen

- lange Durchlaufzeiten
- geringe Produktvariabilität
- langwierige Entwicklungsprozesse
- viele Schnittstellen
- horizontale und vertikale Arbeitsteilung
- wenig Koordination
- abteilungsorientiertes Denken

Eine über längere Zeiträume hinweg gleichbleibend hohe Stückzahlproduktion rechtfertigte in der Vergangenheit diese strukturelle Ausdifferenzierung; die derzeitige Geschwindigkeit des technischen Wandels und die immer kürzeren Produktzyklen relativieren diese Organisationsform respektive ihre maximale Leistungsgrenze. Unternehmen, die unter verschärften Konkurrenzbedingungen ihre Stellung am Markt behaupten wollen, kommen nicht umhin, ihre strukturelle Ausdifferenzierung zur Disposition zu stellen und sich mit alternativen Modellen vertraut zu machen.

Schon heute gehen fortschrittliche Betriebe mehr und mehr dazu über, alle Funktionen, die zur Durchführung einer Arbeitsaufgabe notwendig sind, zu integrieren und zu verkoppeln (vgl. zu dem hier angesprochenen Integrationsgedanken von CIM: Reuss u. a. 1988, sowie Wildemann 1988). Technik und Organisation müssen einer ganzheitlichen Betrachtung unterliegen und der Produktionsprozeß von einer fließbandorientierten zu einer kunden- und produktorientierten Fertigung abgewandelt werden. Diese Verlustreduzierung ergibt sich auch zwingend aus betriebswirtschaftlichen Gesichtspunkten, da hochtechnisierte Anlagen immer eine große Kapitalbindung darstellen und mit Verlust- und Wartezeiten schwerlich amortisiert werden können (vgl. Lentes 1986: 61 f.).

Die Zukunftsaufgabe auf der organisatorischen Ebene wird sein, sämtliche vor- und nachgelagerten Produktionsbereiche, die bisher als regelrechte „Informationsinseln" nebeneinanderstanden, in Produktionszentren zu integrieren und mit einer ganzheitlichen Produktionsaufgabe zu betreuen (s. Faix u. a. 1989c: 229).

Ein Lösungsansatz ist die in Abbildung 8, vorhergehende Seite, aufgezeigte Reintegration verschiedener Zuständigkeiten in eine moderne Produktionsabteilung, die bestimmte Fertigungsaufgaben ganzheitlich übernimmt, für Qualität und Prozeßoptimierung zuständig ist und sich der Unterstützung durch ausgelagerte Ingenieur- und Servicebereiche sicher sein kann. In dieser modernen Produktionsabteilung sorgen *teilautonome Arbeitsgruppen* für einen gesamten Prozeß- oder Produktionsabschnitt, für den sie überdies die volle Verantwortung tragen (Abbildung 9).

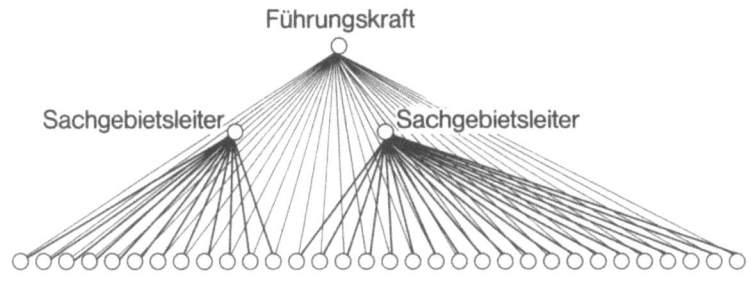

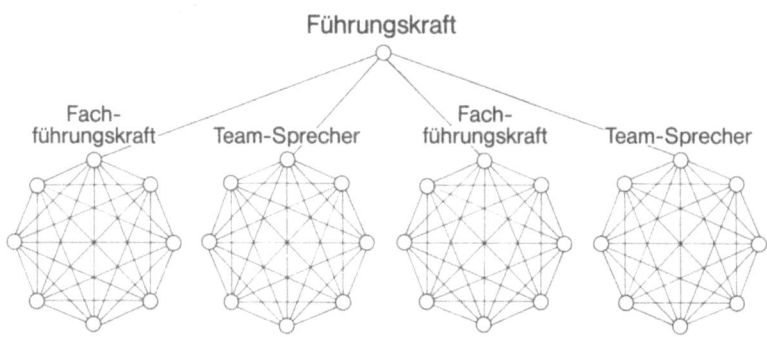

Quelle: E. Ulich, C. Baitsch, A. Alioth, ETH Zürich

Abbildung 9: Gruppenstruktur (unten) versus Tayloristischer Produktionsstruktur (oben)

Das neue Tätigkeitsfeld des Produktionsmitarbeiters umfaßt somit die ganze Bandbreite der erforderlichen Tätigkeiten und reicht über die Fertigungsplanung, die Fertigungssteuerung, Instandhaltung, Qualitätssicherung und Materialversorgung bis hin zur selbständigen Problemlösung (Abbildung 10).

Abbildung 10: Der Produktionsmitarbeiter in der Fabrik der Zukunft

Serviceingenieure stellen dieser Produktionslinie entsprechende fertigungssicherstellende Mittel und Leistungen zur Verfügung und sind darüber hinaus für Serviceleistungen bei der Vorbereitung neuer Produkte und Prozesse eingesetzt.

Der Projektbereich, als dritte Komponente in der „Fabrik der Zukunft", wird verantwortlich für die Definition und Einführung neuer Technologien im Rahmen eines Produktionsneuanlaufs oder eines Projekts. Mittels dieser umgewandelten Arbeitsorganisation wird die laufende Fertigung optimiert und die reibungsfreie Einführung von Neuerungen oder Verbesserungen in die Fertigung gewährleistet (vgl. Faix u. a. 1989a: 17 f.).

Eine Vorstellung von sämtlichen Neuerungen gibt die folgende Auflistung „Wettbewerbsfähigkeit in der Fabrik der Zukunft":

- ganzheitliche Verantwortungsübernahme
- neue Organisationsstrukturen
- selbständige Produktionseinheiten
- neue Arbeitsinhalte
- klare Verantwortungsabgrenzung
- verursachungsgerechte Kostenzuordnung
- Änderung des Führungsverhaltens

Das Ergebnis der aufgezeigten organisatorischen Umgestaltung ist die interne Reduzierung von Verlustzeiten (wie anhand von Abbildung 11

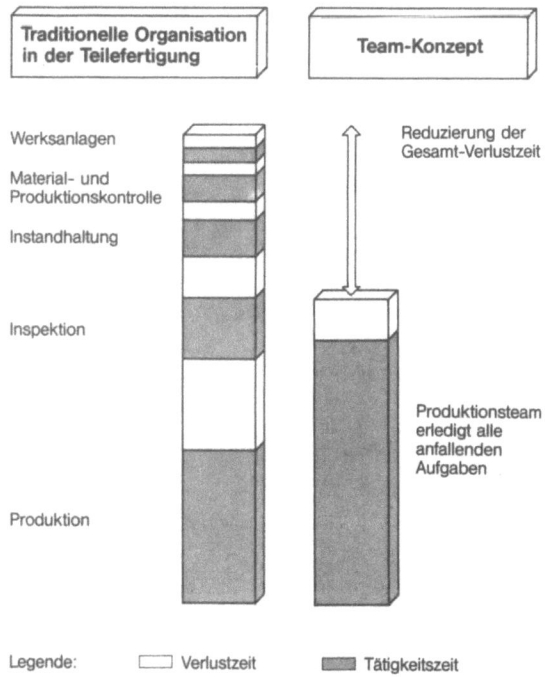

Abbildung 11: Neue Formen der Arbeitsorganisation

nachvollziehbar), und konsequenterweise muß auch die Rolle der Mitarbeiter in diesem Konzept „Fabrik der Zukunft" in ein neues Licht gesetzt werden. Ihr Qualifikationsniveau wird zum entscheidenden Erfolgsfaktor, während Routinetätigkeiten und Bedienerfunktionen verstärkt durch Informations- und Entscheidungshilfssysteme unterstützt und ersetzt werden. Die menschliche Gestaltungskraft, die jahrzehntelang mit dem Begriff „produktionshemmend" besetzt war, verwandelt sich nun zu einem Produktionsfaktor, der nicht hoch genug eingeschätzt werden kann. Die Personalstruktur erfährt eine Verlagerung in der Form, daß vorherrschend polarisierte Qualifikationen im Betrieb (viel geringqualifizierte und wenig hochqualifizierte Mitarbeiter) durch eine homogenere Qualifikation abgelöst werden. Mittels dieser Integration der Mitarbeiter in den betrieblichen Ablaufprozeß werden die bisher stark fremdbestimmten Tätigkeiten in die direkte Einflußsphäre der Beschäftigten gestellt und ihrem persönlichen Einsatzwillen übertragen. Die Delegation von Verantwortung gereicht einem auf die Zukunft gerichteten Konzept weit mehr zum Erfolg als die Entmündigung der menschlichen Arbeitskraft zum „mechanischen Hebel".

Das Konzept „Fabrik der Zukunft" hat sich bereits in der Anlaufphase bewährt, und die Erfolge sind verifizierbar, so daß dieser überschaubare Probelauf als gelungen betrachtet und unter derartig günstigen Vorzeichen auf die Gesamtstruktur des Unternehmens ausgeweitet werden kann (siehe Ulich 1989).

Das erfolgreiche Pilotprojekt „Fabrik der Zukunft" gibt weiteren Bestrebungen in dieser Richtung grünes Licht und kann mit großer Zuversicht in das Konzept „Unternehmen der Zukunft" übergeleitet werden, jedoch getragen von handlungskompetenten Mitarbeitern, ohne die die Erfolgswaage nicht mehr in die richtige Richtung bewegt werden kann (siehe Abbildung 12).

Es sollte am Ende dieses stark problematisierenden Teils klar geworden sein, welche Weichen in der Produktion und in allen anderen Unternehmensbereichen auf die Schiene „Zukunft" zu stellen sind, welche (Vor-) Leistungen bezüglich der Mitarbeiterentwicklung von den Betrieben erbracht werden müssen und wie stark auch die betriebliche Weiterbildung als SKILL-Management-Aspekt hierzu in Verantwortung genommen ist.

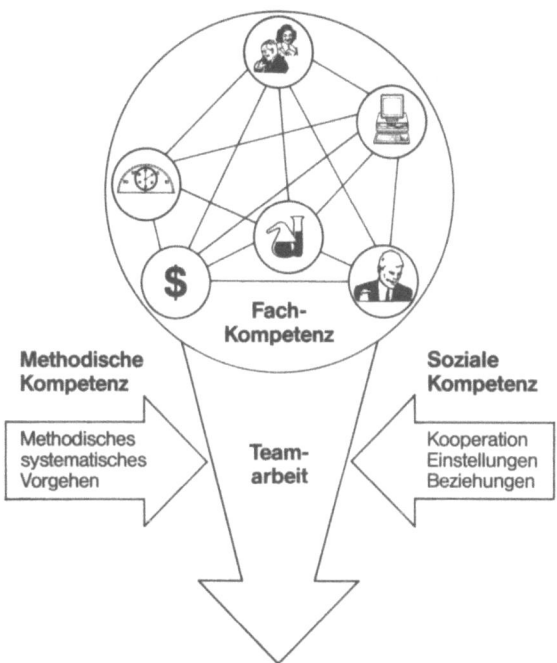

Abbildung 12: Teamarbeit

Dimensionen unternehmerischer Personalplanung

Moderne unternehmerische Planung umfaßt bei komplexer werdenden Abläufen und Bedingungen eine Vielzahl von Ebenen und Ausprägungen, die allesamt auf eine intensive Auseinandersetzung mit den bestehenden wirtschaftlichen Möglichkeiten und Gegebenheiten angewiesen sind. Hierzu gehört die strategische Ausdifferenzierung und Orientierung unternehmerischer Aktivitäten im Hinblick auf eine längerfristige Gestaltung, mit der eine Vielzahl von geschäftlichen Grundfragen zu thematisieren und zu beantworten sind. Diese noch näher zu behandelnde strategische Unternehmensplanung unterscheidet sich qualitativ von den klassischen Konzepten, die weitgehend auf der Idee der „Erfahrungskurve" beruhen.

Damit wird assoziiert, daß das gesammelte Wissen bezüglich der Produktion eines Gutes und/oder einer Dienstleistung für wettbewerbsbestimmende Vorteile ausreicht und die enge Bindung eines Unternehmens an ihr angestammtes Geschäft auch einen ausreichenden Erfolg gewährleistet („Schuster bleib bei Deinen Leisten").

Unter Bezugnahme auf weiter oben gemachte Aussagen über produkt- und branchenspezifische Entwicklungen und Konkurrenzbedingungen verlieren klassische Konzepte dieser Form an Relevanz und Effizienz, was sicherlich durch vielfach gemachte unternehmerische Erfahrung mit sinkenden Absatzzahlen bei traditionell angestammten Produkten in jüngster Vergangenheit belegt werden kann. Prognosen, die bei einer offenen Zukunft immer problematischer werden, können zu mehr oder weniger erfolgreichen unternehmerischen Konzeptionen führen.

Die erste, die sich mit den Traditionalisten im Einklang befindet, verfährt nach dem Motto „keine Experimente bitte" und kann sich sicher dem Vorwurf entziehen, auf zukünftige Entwicklungen falsch (weil gar nicht) reagiert zu haben. Geht man aber ferner davon aus, daß unternehmerische Stagnation die erfolgloseste Form der Unternehmensführung darstellt, sollten Alternativen vorbereitet und entwickelt werden.

Damit wäre das zweite Konzept angesprochen, das eine dynamisch ausgerichtete „strategische Unternehmensplanung" aufgreift und (nicht nur nach Einschätzung der Autoren) der wettbewerbsgerechten Wahrheit ein ganzes Stück näher kommt.

Die Komponente „Unternehmensstrategie" verkörpert den Rahmen für eine längerfristige Gestaltung des Unternehmens und ist den operationalen, pragmatischen Ausprägungen durch eine mehrjährige Zielvorgabe übergeordnet und zeitlich vorgelagert. Bei einer derartigen Strategie müssen die geschäftlichen Erfordernisse vordefiniert werden, oder anders ausgedrückt, muß sich die Geschäftsleitung darüber Klarheit verschaffen, welche Produkte und Dienstleistungen in der Zukunft den erforderlichen Gewinn erwarten lassen, welche Mitarbeitervielfalt und Anzahl zur Verwirklichung dieses Zieles vonnöten ist und mit welcher Organisationsform dieser Schritt in die Zukunft verwirklicht werden kann. Aber auch diese Zielsetzung birgt unter modernen Bedingungen spannende Spezifika, welche die Strategiefindung nicht erleichtern.

Oberstes Unternehmensgebot ist heutzutage die Kundenorientierung, doch welche Wünsche werden die Abnehmer an ein Unternehmen herantragen, womit können diese zufriedengestellt werden? Kundenwünsche sind in der Regel sehr differenziert und verlangen hohe Flexibilität beim Personal, welche von Unternehmensseite bei jeglicher Problemstellung angesteuert werden kann. Doch Personalinformationssysteme, wie wir sie in Abbildung 18 noch vorstellen werden, sind durchweg unfähig, der Unternehmensleitung darüber Informationen zu liefern, inwieweit mit dem vorhandenen Mitarbeiterpotential zum Beispiel auf Sonderwünsche der Kunden eingegangen werden kann.

Wir wollen zur Beleuchtung dieses Aspektes mit einem profan anmutenden Beispiel aufwarten, bei dem sich die Unternehmensleitung in einem metallverarbeitenden Betrieb von einem guten Kunden vor folgendes Problem gestellt sieht: Jahrelang wurde dieser Kunde mit Bohrfuttern für Bohrmaschinen beliefert. Da jener nun einen neuen Markt erobern und mit Plastikbohrmaschinen auf dem Spielzeugsektor einschlagen will, sollten auch genannte Bohrfutter den Materialwechsel nachvollziehen. Beim Bohrfutterproduzenten, der das Vertrauen des Gegenüber nicht verlieren will, beginnt nun ein schweißtreibendes Ausloten der betrieblichen Möglichkeiten, und nach reiflicher Überlegung kommt man dort zu dem Schluß, daß die erforderlichen Plastikteile zweifelsohne auf den vorhandenen Gerätschaften gefertigt werden können, bei der Unternehmensleitung jedoch nicht bekannt ist, ob es innerhalb der Belegschaft „plastikbeschlagene" Mitarbeiter gibt, die mit dem neuen Material auch umzugehen wissen.

Die Diagnose an den Kunden fällt somit entweder negativ aus, oder man entschließt sich kurzerhand, einen „Plastikspezialisten" für das Unternehmen zu verpflichten, um in die ungewohnte Produktion doch noch einsteigen zu können. Nach Ablauf des Auftrages wird der neue Mitarbeiter mit angestammten Aufgaben betraut, seine Spezialkenntnisse geraten schon bald in Vergessenheit, und nur unter sehr günstigen Bedingungen erinnert sich bei der nächsten Plastik-Spezialaufgabe in einigen Jahren die Geschäftsleitung an die Qualifikation dieses Mitarbeiters.

Das Beispiel, über dessen Qualität Uneinigkeit herrschen darf, zeigt jedoch, daß unter solchen Voraussetzungen den Kundenwünschen nur mit einer gewissen Zähigkeit begegnet werden kann, und vielleicht wären innerhalb der Belegschaft mehrere Mitarbeiter zugegen, deren eigentliches Metier der Umgang mit Plastik ist, was jedoch aus einem Personalinformationssystem, welches gerade noch zwischen männlich und weiblich unterscheidet, nicht abgeleitet werden kann. SKILL-Management liefert, wie wir später noch detailliert ausführen werden, bei derartigen Problemstellungen den Analyse-Rahmen und erhöht die organisatorische Flexibilität und Wettbewerbskraft, benennt die vorhandenen Mitarbeiterressourcen und deren Fähigkeiten und eröffnet die unternehmerische Perspektive, auf sämtliche von außen herangetragenen Wünsche sofort reagieren oder gezielt über Vorgehensalternativen entscheiden zu können.

Um auf die Dimensionen unternehmerischer Planung zurückzukommen, sollte an dieser Stelle noch einmal herausgestellt werden, daß eine strategische Ausdifferenzierung der obersten Geschäftebene obliegt und daß nur mit detaillierten Vorgaben die nachgereihten Organe und Bereiche strategisch ausgerichtet werden können. Neben einer eindeutigen, zukunftsorientierten Festlegung sollte die strategische Komponente auch wichtige Rahmenbedingungen (siehe 1.Teil) einbeziehen, ein längerfristig angelegter Planungs- und Realisierungshorizont ausgearbeitet und schließlich auch die notwendigen Potentiale zur Zielerreichung aufgebaut werden. Idealtypisch kann folgendes Phasenschema unterlegt werden:

- grundlegende Feststellung der Zielvorstellungen, Absichten und Ausrichtungen,
- rationale Analyse und Auswertung der Stärken und Schwächen,
- grundlegende Ressourcenplanung,
- Prognosen über mehrere Jahre (ca. 5 Jahre),
- gründliche Einschätzung der Konkurrenz und damit eine Bewertung strategischer Alternativen und
- strategisches Management zur Schaffung von Wettbewerbsvorteilen.

Auf die Personalfunktion bezogen (und hier befinden wir uns bereits innerhalb des SKILL-Management-Prozesses) benötigt die strategische Unternehmensplanung eine intern abgeleitete Strategie, die „die Aufgabe hat, für relevante Planungsfelder auf der Basis von Szenarien wahrscheinliche Auswirkungen auf das Personal zu ermitteln und zielorientierte Gestaltungsrichtungen und Maßnahmen abzuleiten" (Ling 1989: 51).

Derartige Szenarien wären:
- Technologie: Szenarien über personelle Auswirkungen derzeitiger und zukünftiger Technologien
  - Wirtschaft: konjunkturelle Entwicklungen; Lohnkostenindizes; Mitarbeiterbedarf bei Kapazitätsanpassung; Entwicklung von neuen Märkten (zum Beispiel EG-Binnenmarkt)
  - Gesellschaft: soziale Entwicklungen (Wertewandel, Bevölkerungsstrukturen, Nachwuchszahlen ...)
- Arbeitszeit: Arbeitszeitverkürzung, flexible Arbeitsformen, Ruhestandsregelungen
- Arbeitsmarkt: Potential an qualifizierten Arbeitskräften begrenzt (siehe vorne gemachte Ausführungen)
- Tarifvertragswesen: Technologie-Tarifverträge; Umschulungs- und Weiterbildungs-Tarifverträge und ähnliches

Durch die Abschöpfung sämtlicher relevanter Parameter kann „topdown" eine Ausrichtung bezüglich quantitativer und qualitativer Verschiebungen auf der Personalebene erfolgen, die, nennen wir es einmal so, die „fünf personellen Säulen" industrieller Organisationen mehr oder minder stark tangieren (vgl. Abbildung 13: „Anforderungswandel", folgende Seite).

Als Randbemerkung darf hier nicht fehlen, daß der eben thematisierte Anforderungswandel keine alleinige Domäne industrieller Organisationen ist. Nahezu alle Institutionen (Dienstleistungsunternehmen, Parteien, Gewerkschaften, Verbände etc.) gründen ihre Struktur auf die genannten Mitarbeitertypen, auch wenn ihre Funktionen etwas anders gelagert und benannt sind. Prinzipiell kann dieser Anforderungswandel ein gutes Stück weit verallgemeinert werden und Denkanstöße in die verschiedensten Richtungen geben.

Aus den gerade gemachten Ausführungen müssen dem verantwortungsbewußten Unternehmer oder Manager zwei grundlegende Gedanken hinsichtlich einer strategischen Personalplanung angedeihen.

Das ist erstens die nüchterne und gleichsam wichtige Feststellung, daß Personalplanung „Chefsache" ist und daß auf höchster Ebene Mitarbeiterkonzepte, -profile, Qualitäten, Quantitäten und dergleichen ausgearbeitet werden müssen, die dann den nachgereihten Stäben zur praktischen

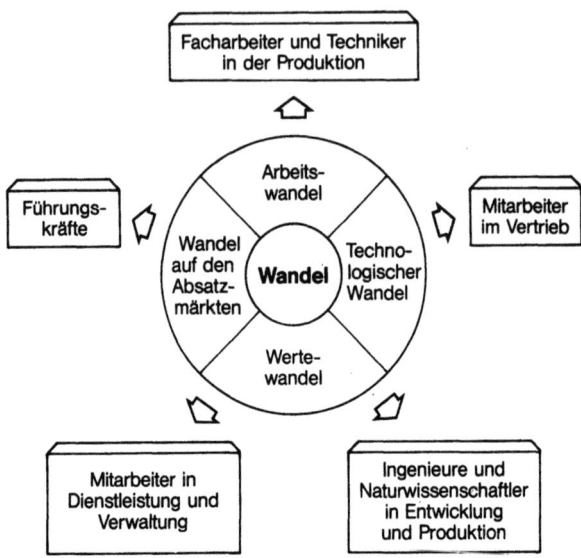

Abbildung 13: Der Anforderungswandel

Umsetzung übergeben werden. Das Management des Personals und dessen Fähigkeiten (SKILL-Management) ist bereits heute ein mitentscheidender Wettbewerbsfaktor, der vor allem in größeren Organisationen nur mit einer zielgerichteten Strategie heranreifen kann.

Der zweite Gedanke, der sich tief ins Leserbewußtsein eingraben sollte, wendet sich der Tatsache zu, daß die Bundesrepublik auch in ihrer neuen Gestalt nur *eine* Trumpfkarte aufzuweisen hat, und dies ist der Qualifikationsgrad der hier Beschäftigten, deren Know-how und die daraus resultierenden Spitzenprodukte. Zu vernachlässigende Rohstoffquellen, hohe Transportkosten, hohe Energiekosten, hohe Gebäudekosten und Löhne, hohe Lohnnebenkosten, niedrige Arbeitszeiten und viel zu hohe Steuern prägen hiesige Standortbedingungen, und nur durch die Produktion und den Export „feinstveredelter" Waren kann die deutsche Wirtschaft auf dem Weltmarkt ihre Position halten. Der sich hier abzeichnende Zirkelschluß sollte kaum überraschen, denn als logische Resultante können Spitzenprodukte nur von qualifiziertem Personal hergestellt werden.

Deshalb wären von personalstrategischer Seite zuallererst Bildungsanstrengungen zu nennen, so die neuerliche Hinwendung zur Ausbildung von Nachwuchskräften (Auszubildende, Berufsakademien), eine zielorientierte Weiterbildung innnerhalb der Belegschaft wie auch Rückinformationen aus dem Industrie- und Dienstleistungssektor an öffentliche und private Bildungsträger über eine in Zukunft benötigte Qualifikationsart.

Ein immanentes Problem bei der strategischen Unternehmensplanung verkörpert jedoch die schwer zu prognostizierende Zukunft, die sich auf Grund der technologischen Dynamik nur vage bestimmen läßt. So können Bildungsinhalte von heute in fünf Jahren schon nicht mehr zutreffen, und auch angewandte Techniken haben die Tendenz, sich grundlegend zu modifizieren oder gar obsolet zu werden. Nachdenklich sollte auch der Satz stimmen: „Wer zu wissen glaubt, wie die Zukunft aussieht, muß unvollständig informiert sein" (Faix/Laier 1989b 68), doch keineswegs sollte er Resignation auslösen. Konsequenterweise sollten jedoch längerfristige Strategien einer ständigen Reflexion ausgesetzt sein und mittels operationaler Instrumentarien komplettiert werden.

Hierzu läßt sich an vorderster Front eine strategisch ausgerichtete Mitarbeiterentwicklung und Weiterbildung nennen, die sich mit Zeitvorgaben von ungefähr zwei Jahren begnügt. Sie bildet das Kernstück der weiteren Ausführungen.

3. SKILL-Management-Focus: Weiterbildung und Personalentwicklung

Zum Stand der gegenwärtigen betrieblichen Weiterbildung

Wie kaum ein anderes Thema hat sich die Personalentwicklung in jüngster Zeit zu einem Schwerpunkt in der Personalwirtschaft hochstilisiert; die Forderung nach Mitarbeiterqualifikation hat als Argument eine noch nie dagewesene Schlagkraft erhalten. Weiterbildung, ob betrieblich, staatlich oder von privaten Anbietern, wird in aller Munde geführt und ist sicherlich die richtige Zukunftsformel. Doch in der Realität stecken Weiterbildungsanstrengungen und -gedanken noch in den Kinderschuhen, und dies gilt sowohl für die Praxis als auch für das vorhandene Bewußtsein.

Bis dato wird auf Unternehmensseite die Weiterbildung in fast schon traditioneller Manier kritisch beäugt und ist landläufig eher negativ besetzt. Im höchsten Fall wird Weiterbildung noch mit einer Art „Bildungsurlaub" assoziiert, der jedoch gänzlich vom betrieblichen Alltag abgekoppelt scheint und keine Evidenz für eine Industrie- oder Dienstleistungsorganisation aufweist.

Bestehende betriebliche Weiterbildungsaktivitäten sind andererseits weitgehend auf die Schulung von Führungskräften ausgerichtet oder werden als Belohnung für verdiente Mitarbeiter betrachtet und erfüllen oftmals nur die Funktion eines „sozialen Alibis". Dementsprechend bleibt der Beigeschmack von Zweitrangigkeit, der der Weiterbildung einen schweren und undankbaren Stand gegenüber dem sogenannten Tagesgeschäft im Betrieb zuweist.

Planerisch und strategisch bereiten sich die meisten Unternehmen sicherlich schlechter auf die Anpassungserfordernisse der Belegschaft vor als auf die Modernisierung und die rechtzeitige Umgestaltung ihrer baulichen und technischen Ausrüstung (Semlinger 1989: 339).

Laufende Weiterbildungsmaßnahmen bleiben in der Regel vom normalen Betriebsablauf isoliert, und auch der Wissenstransfer zurück in die Abteilung ist unbestimmt und findet nur unzureichend statt. Bei der Auswahl der Adressaten entscheidet in den wenigsten Fällen der tatsächliche Bedarf, und so „soll es vorkommen", daß oft der/die falsche Mann/Frau zum falschen Zeitpunkt bei der falschen Schulung zugegen ist, was wiederum andere Seminarteilnehmer in ihrem Lernerfolg beeinträchtigt und die Wertschätzung der Weiterbildung noch weiter reduziert. Unter den momentanen Vorzeichen gilt Weiterbildung noch immer „als ein ‚kostenaufwendiges', ‚den normalen Produktions- und Dienstleistungsprozeß störendes', ‚zusätzlichen Abstimmungsprozessen unterworfenes' und ‚besonderer Rechtfertigung unterlegenes' Unterfangen" (Staudt 1989: 383).

Ein weiteres Manko von Schulungsmaßnahmen ist die nun schon mehrmals angesprochene Reaktion auf betriebliche und technische Neuerungen. Spezielle Schulungsprogramme werden meistens erst dann ausgearbeitet, wenn es für die Fertigung erforderlich ist, das heißt wenn in der Produktion die Innovationsschritte bereits vollzogen sind oder wenn neue und teure Produktionsanlagen bereits einige Monate unproduktiv herumstehen und die Verantwortlichen nur mit lapidaren Argumenten die mißliche Situation zu erklären vermögen.

Erst dann beginnt eine Auseinandersetzung bezüglich fehlender Qualifikationen, und die Linienverantwortlichen entscheiden aus der Situation heraus, welche Mitarbeiter die entstandene Informationslücke durch entsprechende Schulungen schließen können. Die Ausarbeitung neuer Kurse und die Vermittlungsdauer an die ausgewählten Schulungsteilnehmer können als langwieriger Prozeß bereits wieder ins Leere führen, wenn in der Zwischenzeit beispielsweise ein neues Produkt gefertigt wird und die gerade noch taufrischen Weiterbildungsinhalte schon wieder einen Hauch von Anachronismus aufweisen (ähnliches kann auch für den Vertrieb angeführt werden).

Die eben geschilderte Dynamik mag vielleicht etwas überspitzt anmuten, man sollte sich aber mit der Situation vertraut machen, daß kürzer werdende Produktzyklen, schnell aufeinanderfolgende Technikgenerationen und sich schnell ändernde Kundenanforderungen in der Zukunft zur betrieblichen Alltäglichkeit werden und eine langfristige Planbarkeit

der Produktion und der Dienstleistungen ausschließen (Lay 1989: 104 f.).
„Innovative Unternehmen gehen schon seit Jahren davon aus, daß sie in naher Zukunft den größten Teil ihres Umsatzes mit Produkten machen werden, die es heute noch gar nicht gibt" (Weinerth 1986: 394).

Mit den bisherigen Weiterbildungsaktivitäten können nur kurzzeitig Lücken geschlossen werden; an eine längerfristige Qualifikationsplanung reicht ein solches Modell nicht einmal ansatzweise heran.

Schulungsabteilungen müssen in ihrem Verständnis und in der externen Wertschätzung zu einer „Qualifikationsschmiede" in einem sich permanent ändernden betrieblichen, technischen und sozialen Umfeld aufgewertet werden.

Solchen Überlegungen wird leider weiterhin nur in Sonntagsreden nachsinniert, jedoch verwundert die mangelnde Konsequenz in der Weiterbildungspraxis zusehends, da die Qualifikationsoffensive der Betriebe eigentlich in ihrem ureigensten Interesse und zudem in ihrer gesellschaftlichen Verantwortung liegen müßte, weil nur über qualifizierte Mitarbeiter das Innovationspotential, die Wettbewerbsfähigkeit und die soziale Akzeptanz neuer Technologien gesichert werden kann.

Nahezu analog existiert diese Problematik bei den personalentwicklerischen Planungs- und Realisierungsstrukturen hin zur Personal- oder Fachführungskraft, die vielfach hinter verschlossenen Türen stattfindet und über die geheimnisumwittert nur mit vorgehaltener Hand gesprochen wird. Nicht selten wird einfach der beste Fachmann in den Rang einer Führungskraft erhoben, und dies durch eine Ad-hoc-Entscheidung, wenn der Stellenfreimacher einen weiteren Karriereschritt macht, für die Organisation untragbar geworden ist oder aus anderen Gründen diese Stellung nicht mehr begleiten kann. Kaum ein Unternehmen kann sich durch eine langfristige, konsequente Personalentwicklung auszeichnen, obwohl auf diesem Gebiet der Notstand am Arbeitsmarkt noch größer ist als bei qualifizierten Arbeitssuchenden. Mit „Headhunter"-Praktiken sind die Schwierigkeiten immer weniger in den Griff zu bekommen. Damit wird Augenwischerei betrieben, und man unterliegt in den Unternehmen einer Selbstlüge. Es erweist sich immer fahrlässiger, die Versäumnisse ohne Gegenkonzepte wuchern zu lassen, und es sollte unter allen Umständen vermieden werden, daß erst mit dem Bankrott des

Unternehmens über die Versäumnisse im SKILL-Management-Bereich nachgedacht wird.

Das betriebliche Überleben wie auch die Sozialverträglichkeit hängen bei dieser technologischen Dynamik und den verschärften Weltmarktbedingungen an keinem goldenen Faden und könnten durchaus kollabieren, wenn nicht der Mensch mit der Technologisierung und als Resultante auch mit die Ökologie zu einer neuen Harmonie findet.

Qualifikation erwächst zu einer Schlüsselkomponente, die gewährleistet, daß:

a) die sozialbedingten Innovationswiderstände überwunden werden, was parallel geschaltet ist mit dem Abbau von Technikängsten und damit verbundener Resignation vor scheinbar unbewältigbaren Neuerungen,

b) personell bedingte Innovationswiderstände innerhalb des Betriebes abgebaut werden können,

c) technologisch bedingte Innovationswiderstände verschwinden, denn nur mit einem technisch breit geschulten Fachpersonal können neue Technologien in betriebsrelevante Verfahren umgesetzt werden (vgl. Staudt/Rehbein 1988: 12).

Neue Konzepte in der Bildungsarbeit

Die betriebliche Personalarbeit wird zunehmd ein eigenständiger Strategiefaktor (langfristig orientiert), zu dessen zentralen Problemfeldern die betriebliche Aus- und Weiterbildung sowie die Personalentwicklung gehören. Zur Sicherung einer qualifizierten Personaldecke entwickelt sich die unternehmensinterne Bildungsarbeit zu einer dominierenden Größe, das bisher praktizierte Wie, Wen und Wann wird aber den technologischen Schrittmachern nur schwerlich folgen können und bedarf deshalb einer zeitgemäßen Überarbeitung.

Die eigentliche Herausforderung an die betriebliche Bildungsarbeit resultiert aus dem hohen technischen Standard, der mittlerweile das Tagesgeschäft in nahezu jeder Organisation prägt und dominiert. Ein großer

Teil aller Arbeitsplätze stellt gehobene Ansprüche an die Qualifikation der Stelleninhaber, die sich innerhalb ihres Aufgabengebietes stark spezialisieren müssen, um den Anforderungen am Arbeitsplatz gerecht zu werden.

Hier fällt der Weiterbildung eine doppelschneidige Aufgabe zu, deren eine Seite durch den notwendigen geschäftlichen Erfolg determiniert ist, zudem hat betriebliche Bildungsarbeit auch der Belegschaft gegenüber eine Verantwortung. Niemand wird zukünftig ohne Hilfestellung seiner organisatorischen Aufgabe gerecht werden können. Die rasch aufeinanderfolgenden technologischen Einbrüche in alle Teilbereiche unserer Gesellschaft verändern permanent unsere Gewohnheiten, lassen jahrelang anhaltende Arbeitsroutine kaum noch aufkommen und produzieren oftmals Angst und Resignation bei den Betroffenen, die von dem Trauma geplagt sind, dem Wandel nicht gewachsen zu sein. Ein Umstand, der durchaus vermeidbar ist.

Beispielhaft für die hier unterlegte technologische Entwicklung können die Veränderungen in einem Computerkomponenten-Produktionsbetrieb angeführt werden (Abbildung 14, folgende Seite: Technologiewandel – Entwicklung „Speicher-Bauelemente").

Allein in den letzten 15 Jahren hat sich die Anzahl der Transistoren in einem Speicher-Bauelement mit dem Faktor 2000 multipliziert und erhöht sich ständig weiter; die Komponenten dieser Chips sind in miniaturisierte Dimensionen abgeglitten.

Für einen Mitarbeiter sicherlich keine einfache Aufgabe, an dieser Entwicklung aktiv teilzunehmen und seine Tätigkeit souverän zu begleiten. Die physikalische Grundlage hat sich während der Entwicklung mehrfach verändert und wird sich weiter verkomplizieren. Nur noch die allerwenigsten Arbeitsplätze werden in fünf Jahren in der heutigen Form existieren, die Anforderungen werden dann völlig anders gelagert sein. Die Frage steht im Raum, wie denn ein Mitarbeiter angesichts dieser Dynamik seine Zukunft sehen soll. Hat er nicht genügend Grund, um seine betriebliche Existenz zu fürchten, seine Perspektive in den Mantel der Angst zu hüllen und der Technik feindlich gegenüberzustehen, einer Technik, die seine berufliche Persönlichkeit und darüber hinaus auch seine materielle Grundlage gefährdet?

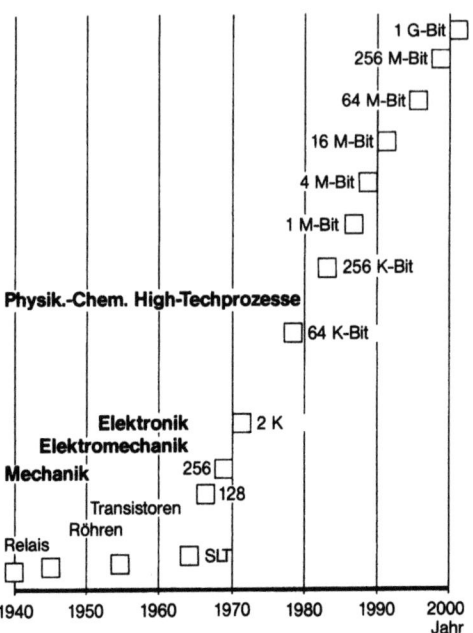

Abbildung 14: Technologiewandel am Beispiel der Entwicklung „Speicher-Bauelemente"

Die technologische Dynamik soll aber keine Neuauflage von Darwins „survival of the fittest" sein, sie muß lebbarer Bestandteil unserer Gesellschaft werden, die wir beherrschen und mit der wir umzugehen wissen. Keine Innovation kann, ist sie erst einmal gemacht, von der Erde verbannt werden. Technologische Enthaltsamkeit ist nicht der Königsweg, oder drastischer formuliert ist die Alternative zu Einsatz und Steuerung der neuen Technologien nicht die sanfte Republik, sondern der Weg in ein drittklassiges Industrieland, das im Schmutz veralteter Industrien sitzen bleibt. (Zitiert nach: Staudt 1986: 38.)

Das Anhalten oder gar Zurückschrauben des technologischen Standards erscheint unter solchen Voraussetzungen unsinnig und ist zudem stark wirklichkeitsfremd, weshalb die unweigerlichen Begleitprobleme auf einer anderen Ebene gelöst werden müssen.

Der Bildungsarbeit wird hierbei ein fester Platz zugewiesen, eine Aufgabe gestellt, die es zu erfüllen gilt. Ihre Funktion erschöpft sich nicht mehr auf den Nebenschauplätzen im organisatorischen und gesellschaftlichen Alltag, sondern auf den Brettern, die für alle Gesellschaftsmitglieder die Zukunft bedeuten. Sie muß die Individuen auf ihrem betrieblichen, sozialen und kulturellen Weg durch die Moderne begleiten und unterstützen und zusätzlich das organisatorische Schwungrad in Gang halten.

Mit Blick auf den Arbeitsmarkt, der im ersten Teil dieser Darlegung problematisiert wurde, tritt neben dort fehlenden Qualifikationen noch eine weitere Unwegsamkeit in Erscheinung, die ihrerseits die betriebliche Bildungsarbeit unweigerlich auf den Plan ruft.

Denn auch qualitätvoll ausgebildete Arbeitsuchende passen nicht mehr maßgeschneidert auf einen freien Arbeitsplatz, viele Tätigkeiten sind in sich zu komplex, als daß das adäquate Gegenüber problemlos rekrutiert werden könnte. Der erreichte Spezialisierungsgrad potenziert die angesprochenen Beschaffungsprobleme, und wenn es oft noch möglich ist, Mitarbeiter mit einer soliden Grundausbildung für das Unternehmen anzuwerben, fehlen in der Regel die maßgeschneiderten Qualifikationen, um den betrieblichen Belangen gerecht zu werden.

Dieser Mangel relativiert sich sicherlich durch den Prozeß der Routine respektive durch die Erfahrungen „on the job". Damit kann aber eine begleitende betriebliche Weiterbildung nicht ersetzt werden, eben eine Bildungsanstrengung, die Grundlagen vermittelt und Zusammenhänge auftut, die in der täglichen Routine nicht mehr auftauchen.

Ein moderner Betrieb denkt nicht ausschließlich in der Gegenwart, sondern immer intensiver in die Zukunft. Mitarbeiter, die sich nur auf eine arbeitsplatzbezogene Wissensbasis stützen können, werden immer hinter den technologischen Geschehnissen verharren und immer in aufwendiger Kleinstarbeit an neue Tätigkeiten herangeführt werden müssen, sofern sie nicht über Basiskenntnisse verfügen, die ihnen mit gesteigerter Abstraktionsfähigkeit den Zugang zu Neuerungen erleichtern. Weiterbildung muß mehr sein als bloße Anpassung, sie muß zwar den Gewöhnungsprozeß an neue Tätigkeiten unterstützen (und dazu muß sie zunächst einmal aktiviert werden), gleichzeitig aber auch eine ausbaufähige Qualifikationsbasis für die Zukunft schaffen.

Diese Basis wird um so bedeutungsschwerer, wenn man seine Aufmerksamkeit auf die Abbildungen 15 und 16 lenkt. Beide Darstellungen beschäftigen sich mit der Inflation von Wissen, einerseits ein exponentielles Anwachsen an wissenschaftlichen Ergebnissen und Veröffentlichungen, andererseits die abnehmende Halbwertszeit von Informationen und Wissen.

Diese differiert sicherlich in einzelnen Berufssparten und ist beispielsweise im Informatiksektor wesentlich kürzer als in einer geisteswissenschaftlichen Disziplin, dennoch sind die meisten Menschen einer fast beängstigenden Wissensflut ausgesetzt. Das Schlagwort „lebenslanges Lernen" trifft die Problematik jedoch nur zum Teil. „Lebenslanges Lernen" erschöpft sich in dieser eindimensionalen Form nur an der ständigen Aktualisierung des (fachlichen) Wissens, während wissensinflationäre Tendenzen elementarer angegangen werden müssen. Wir haben oben von einer Qualifikationsgrundlage gesprochen, deren Schaffung ein wesentlicher Bestandteil von Weiterbildungsmaßnahmen sein soll, und meinen damit primär Kenntnisse über die Wissensverarbeitung, Lernmethoden, Selektionspraktiken und dergleichen, die neben einer fachlichen Grundausstattung das „lebenslange Lernen" eröffnen.

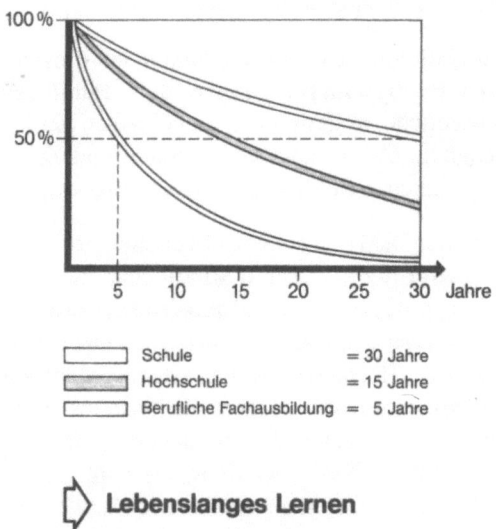

Abbildung 15: Halbwertszeit des Wissens

Gemessen an wissenschaftlichen Erstveröffentlichungen

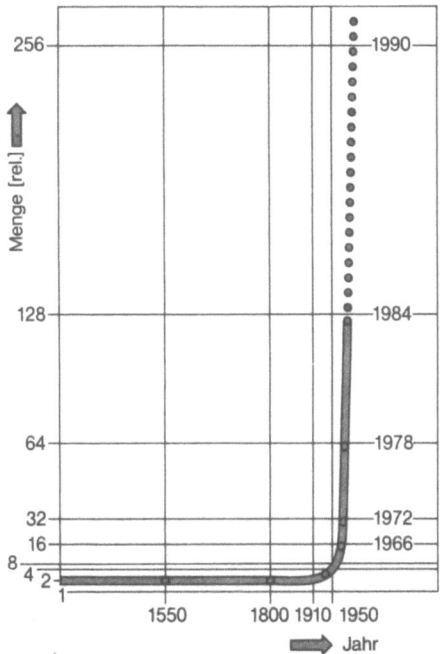

Quelle: Cobarg

Abbildung 16: Wachstum des menschlichen Wissens (gemessen an wissenschaftlichen Erstveröffentlichungen)

Aus diesem Grund spricht die Fachwelt im Zusammenhang mit Qualifikation nicht mehr ausschließlich von fachlicher Reife, sondern nennt im gleichen Atemzug immer das Dreigestirn „sozial, methodisch, fachlich" als ausbaufähige Grundausstattung eines handlungskompetenten Mitarbeiters. Soziale und methodische Kompetenzen sind weit weniger zeitanfällig als eine fachliche Wissensbasis und öffnen der beruflichen Partizipation zeitlebens Tür und Tor, erhöhen des weiteren auch die menschliche Bereitschaft, sich den Anforderungen zu stellen und minimieren resignative Tendenzen. Bildungsarbeit verkörpert immer die Interdependenz von zwei Partnern, einem vollwertigen, entwickelbaren Mitarbeiter und einem Unternehmen, das mit Perspektiven aufwartet, die von den Beschäftigten aufgegriffen werden können.

Vielleicht tut hier jenes Beispiel not, das wir in den folgenden Zeilen aufgreifen möchten. Nehmen wir an, ein Mitarbeiter bedient seit 20 Jahren eine Drehmaschine, an die er sich gewöhnt hat, die er kompetent bedienen kann und bei der ihn niemand vor unlösbare Aufgaben stellt.

Der Technologieschub beendet die Standzeit dieser Maschine und erfordert eine CNC-Umstellung, die nun von demselben Mitarbeiter mitvollzogen werden soll. Zu dem schmerzlichen Verlust über die langjährige Gewohnheit kommt zusätzlich eine völlig veränderte Technik. Mit etwas Ehrlichkeit wird jedem Betrachter klar, daß die Gefühle des Mitarbeiters weniger mit der Lust nach Neuem als vielmehr mit dem Frust vor Ungewohntem durchtränkt sind, zumal die lang anhaltende Routine dem Lernvermögen nicht zuträglich war.

Ein reiner CNC-Kurs würde hier zwar auf die fachlichen Defizite eingehen, würde aber auf keinen fruchtbaren Boden fallen und den Frustrationsgrad eher noch erhöhen, wenn nicht der Mitarbeiter Schritt für Schritt und in einem mühsamen Prozeß auf seine neue Aufgabe vorbereitet, sein Selbstwertgefühl und sein Lernvermögen aufgefrischt wird und er erkennt, daß die Neuerung weniger bedrohlich als erwartet ausfällt und auch von ihm souverän gemeistert werden kann. Erst nach einer solchen Vorarbeit (sozial und methodisch), auf die die klassische Bildungsarbeit verzichten zu können glaubt, ist auch der notwendige CNC-Kurs erfolgversprechend.

Abbildung 17 beschreibt einige der betriebsrelevanten Einflußgrößen, die für eine Qualifikationssteigerung der Betriebsbelegschaft ausschlaggebend sind. Dahinter steht die Forderung nach dynamischen Weiterbildungskonzepten, in die unter anderem folgende Teilkomponenten einbezogen werden sollen:

a) Arbeitsplatzbeschreibung:
  – Welche Qualifikation wird an welchem Arbeitsplatz gebraucht?
  – Welche Veränderungen werden an den betrachteten Arbeitsplätzen in naher und mittelfristiger Zukunft erwartet?

b) Personalbeurteilungssyteme:
  – Informationen über den Qualifikationsstand
  – Abgestufte Leistungsbeurteilung

c) Bedarfsermittlung:
- Welche Mitarbeiter sind von den Veränderungen betroffen?
- Welche zusätzlichen Qualifikationen werden erforderlich?
- Welche Defizite ergeben sich hinsichtlich der Qualifikation der Beteiligten?

Personalinformationssysteme (PIS) sind zwar mittlerweile in den meisten Unternehmen eingeführt, beschränken sich aber bislang überwiegend auf den Abrechnungs- und Verwaltungsbereich (zum Beispiel die Ermittlung von Vergütungen) und sind für anspruchsvollere Aufgaben nicht angelegt (vgl. Drumm 1989b: 73).

Aus- und Weiterbildungsmaßnahmen werden unter anderem erforderlich, wenn:
- der Grad der Verflechtung wirtschaftlicher Vorgänge komplexer wird
- die Risiken unternehmerischer Entscheidungen größer werden
- die Strukturen von Arbeitsabläufen, die Organisation der Datenflüsse sich immer häufiger verändern, schnellere Anpassungen verlangen
- neue Technologien Berufsbilder entscheidend verändern
- bessere Werkzeuge ein höheres Verantwortungsbewußtsein verlangen
- die Tätigkeiten anspruchsvoller werden

(vgl. Heinze 1988: 18)

Abbildung 17: Anlässe für Aus- und Weiterbildungsmaßnahmen

Eine empirische Bestätigung für die geringe Bandbreite solcher Datenbanken liefert die Untersuchung im produzierenden Gewerbe von Klaus Semlinger (1989), wonach lediglich

- ein Drittel der befragten Unternehmen einen statistischen Überblick über die Berufsausbildung ihrer Mitarbeiter besitzt,
- in einem Viertel der Betriebe die Verteilung der Schulabschlüsse bekannt ist,
- weniger als ein Zehntel der befragten Betriebe über frühere Tätigkeiten ihrer Mitarbeiter im Betrieb Buch führt und
- sechs Prozent Kenntnis über frühere Tätigkeiten der Beschäftigten in anderen Betrieben haben.

Die Daten in der Personalstatistik mit der größter Verbreitung sind in Abbildung 18 dargelegt, wohingegen systematisierte Informationen über das Qualifikationsprofil und die betrieblichen Qualifikationsanforderungen großenteils fehlen. Derartige Kenntnisse sind noch am ehesten in Großbetrieben (>1000 Mitarbeiter) vorhanden, jedoch auch dort nur in rudimentärer Form (ebd. 338).

Durch eine analytische Leistungsbeurteilung und -erfassung, wie sie oben gefordert ist, können existente PIS um ein qualitatives Moment erweitert werden und den Personalverantwortlichen jene entscheidenden Informationen liefern, die bezüglich einer strategischen Personalplanung und -entwicklung einfach nicht wegzudenken sind.

Eine differenzierte Fähigkeitsbeurteilung des Personals auf einem quantitativ breiten Fundament liefert eine Fülle von Erkenntnissen über den bestehenden IST-Zustand der erfaßten Mitarbeiter, die in einer direkten Gegenüberstellung mit den dazugehörenden Arbeitsplatzprofilen (SOLL) konfrontiert werden können und somit mögliche Unstimmigkeiten an das Tageslicht bringen. Nur wenn man um derartige Differenzen weiß, können gezielte Bildungsmaßnahmen vorbereitet und eingeleitet werden.

Als dynamisches Element müssen in dieses Konzept erwartete Modifikationen, sei es durch neue Technologien oder organisatorische Umstrukturierungen, eingehen und einer zukunftsorientierten Personalentwicklung den nötigen Weitblick bereitstellen. Unter den technologischen Vorzeichen kann es der Personalentwicklung nicht mehr genügen, ihre

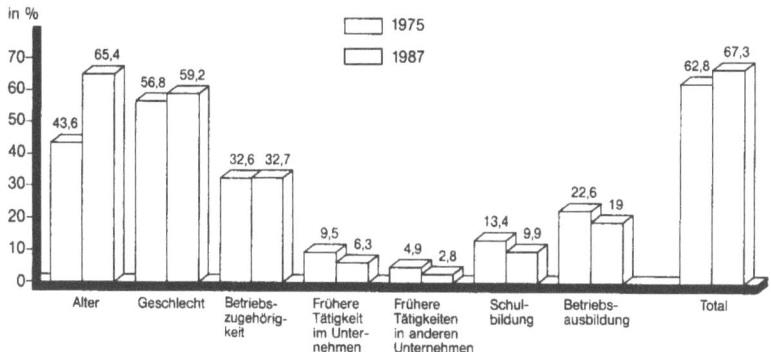

Quelle: K. Semlinger, ISF, München

Abbildung 18: Verbreitung und Informationsgehalt von Personalstatistiken

Energie mit „Vergangenheitsbewältigung" zu verpuffen. In jedweder Form von Organisation reicht es nicht mehr aus, die Mitarbeiter auf den Stand von heute zu bringen – zumal dieser schon morgen „Schnee von gestern" sein kann –, sie müssen die Zukunft bewältigen, und hierfür müssen die Personalverantwortlichen das überfällige Planungs- und Förderungsinstrument bereitstellen.

Dieser letztgenannte Punkt erscheint in der Praxis immer wieder als Hemmschuh, weil prognostizierte Entwicklungen einen Unsicherheitsfaktor beinhalten und per se mit einer Anzahl von Fehleinschätzungen verknüpft sind. Diffuse Zukunftsbeschreibungen sind sicherlich auch dafür ausschlaggebend, daß sich im Bereich der Qualifikationserfassung und -anpassung bisher kein allgemein anerkanntes methodisches Instrument herauskristallisiert hat und daß praktizierte Personalbeurteilungssysteme über einen gewissen „Experimentiercharakter" nicht hinausgekommen sind, respektive als unsichere Maßnahme gar nicht zur Anwendung kamen.

Dennoch sollte im ersten Teil dieser Darlegung die Dringlichkeit an geeigneten Erfassungsmethoden klar geworden sein und dieses brisante Thema mit Vehemenz weiterverfolgt werden.

Dennoch sollte im ersten Teil dieser Darlegung die Dringlichkeit an geeigneten Erfassungsmethoden klar geworden sein und dieses brisante Thema mit Vehemenz weiterverfolgt werden.

Aus diesen methodologischen Problemen werden bisher in der betrieblichen Praxis die Schwierigkeiten der Qualifikations- und Anforderungserfassung dadurch umgangen, daß entweder professionalisierte Abteilungen die diesbezüglichen Vorgaben ausarbeiten oder daß dieses Problemfeld dem „Praktiker" an der Linie überlassen wird (vgl. Staudt 1989: 376).

In beiden Fällen bleibt die Erfassung jedoch einseitig oder kuriert nur an den Symptomen, ohne das „Übel" an der Wurzel zu greifen. Zum einen sind die angesprochenen Praktiker in ihr begrenztes Umfeld eingebunden und dadurch in ihrem Urteilsvermögen eingeengt, zum anderen tendiert Professionalisierung häufig dazu, Probleme zu abstrahieren und womöglich an tatsächlichen oder zukünftigen Qualifikationsdefiziten in der Organisation vorbeizublicken. Was hier einzurichten wäre, ist eine Verbindung oder anders ausgedrückt eine Transmission zwischen beiden Polen.

Was fehlt, ist ein Instrument, das den Rücklauf von Qualifikationsstand und -erwartung aus der Praxis (A) in die professionalisierte Personalentwicklungsabteilung (B) gewährleistet und die defizitäre Lücke zwischen A und B schließt.

Genauso wie Reibungsverluste zwischen Fachabteilungen im „Unternehmen der Zukunft" keinen Platz mehr haben werden, genauso werden die Informationsverluste zwischen auszuführender Ebene und Personalentwicklung mit der ihr angegliederten Schulungsabteilung zu minimieren sein. Erst wenn dieses Zusammenspiel hergestellt ist, werden die Personalverantwortlichen die Hürde des Reagierens genommen haben, werden Weiterbildungsmaßnahmen den Qualifikationsanforderungen an der Linie nicht mehr hinterherhinken und sich endlich einmal in der Rolle des „Igels" aus der allseits bekannten Geschichte finden.

4. SKILL-Management und SKILL-Planung

Strategische und operationale Qualifikations-Planung und -Steuerung – die Zukunftsformel

Subsumiert man die bisher unterlegten Forderungen bezüglich der Personalplanung und -entwicklung, kristallisieren sich folgende Ebenen heraus:

a) die übergeordnete, unternehmensweite Planungsstrategie, in die die organisationsumfassenden Zielsetzungen eingearbeitet sind und die sich unter dem Begriff „SKILL-Management" bereits etabliert hat. Aus den geschäftlichen Zielvorstellungen lassen sich die Anforderungen erarbeiten, die an die einzelnen Funktionsbereiche einer Organisation gestellt werden. Zur Festlegung und Aufschlüsselung der qualifikatorischen Notwendigkeiten empfielt es sich, spezielle Ausschüsse, die „SKILL-Boards", einzusetzen, die sich im Auftrag der Geschäftsleitung um eine austarierte Qualifikationsachse bemühen. In ihren Zuständigkeitsbereich fällt die komplette Festlegung und Planung der qualifikatorischen Belange innerhalb der Organisation, wie zum Beispiel die Definition der Anforderungsstruktur in der momentanen Situation und in der Zukunft, ein Abgleich mit den existenten qualifikatorischen Gegebenheiten respektive eine angleichende Konzeption und die Bereitstellung des erforderlichen Planungsinstrumentariums. Auf der nachfolgenden Ebene findet sich die Umsetzung und Realisierung dieser Strategie in

b) eine operationale Personalplanung (SKILL-Planer), die sich konkret mit den Qualifikationserfordernissen und den existenten Mitarbeiterpotentialen auseinandersetzt, ihre inhaltlichen Schwerpunkte jedoch direkt aus den Strategievorgaben bezieht (vgl. hierzu Abbildung 19, folgende Seite: „SKILL-Planung").

Die operationale Planung, für deren Durchführung wir im nachfolgenden Abschnitt das Analyseinstrument „SKILL-Planer" vorstellen möchten,

Strategische Planung	Operationale Planung
Skill Boards	Skill Planer
Unternehmensweit/ Bereichsübergreifend	Funktional
Strategische Zielsetzung (5 Jahre)	Operationale Zielsetzung (2 Jahre)
Programmgestaltende Aussage zu • Einstellungen • Weiterbildung/Umschulung/ Berufsausbildung • Werkstudenten • Praktikanten • Diplomarbeiten • Outplacement	Personenbezogene Weiterbildungsplanung Thematische Verantwortung bei Linie Steuerungsverantwortung bei Bildungsbereich für • Struktur • Vorgehen und Tools • Verhandlungen mit Gremien der Mitbestimmung

Abbildung 19: SKILL-Planung

bewegt sich in einer zeitlichen Dimension von etwa zwei Jahren. Sie dient vorrangig der Erfassung und Auswertung von organisationsrelevanten Fähigkeiten und Anforderungen, die für den zukünftigen geschäftlichen Erfolg evident sind versus vorhandene Kapazitäten und Potentiale innerhalb der Belegschaft. Erzielte Ergebnisse und Erkenntnisse können direkt in qualifikationsfördernde Maßnahmen überführt werden.

Bezogen auf die betriebliche Bildungsarbeit impliziert dieses System auch die entscheidende Neuerung, daß zum Beispiel Bildungsinhalte und Schulungsangebote nicht mehr Resultat einer eher diffusen Kommunikation zwischen Schlungsabteilung und Praxis sind, sondern daß existente und darüber hinaus zu erwartende Qualifikationsdefizite aus einem direkten Rücklauf von der ausführenden Ebene abgeleitet werden und dadurch

a) das betriebliche Zusammenspiel zwischen den genannten Abteilungen optimiert wird und

b) die Schulungsangebote an einer konkreten Nachfrage ausgerichtet sind.

Jeder Abteilungsleiter kann auf Grund der unternehmerischen (nun instrumentalisierten) Gesamtkonzeption die abteilungsinternen Fähigkeitsschwachpunkte in seinem Zuständigkeitsbereich für einen ungefähren Zeitraum von zwei Jahren benennen und des weiteren sogar ausformulieren, mit welchen Maßnahmen (zum Beispiel Weiterbildung, Rotation und ähnliches) defizitäre Qualifikationen behoben werden können oder auf welchen Gebieten bestimmte Mitarbeiter eine qualifikatorische Anreicherung erhalten sollten. Die Führungskraft muß sich hierfür detailliert mit den Mitarbeitern auseinandersetzen und diese an der Qualifikationsplanung beteiligen.

Jeder Mitarbeiter kommt letztendlich in den eigenverantwortlichen Genuß, die Steuerung seiner Fähigkeiten mitzugestalten und seine Arbeitskraft entweder an die erwarteten Veränderungen anzupassen oder sogar seine Fähigkeiten dahingehend auszubauen, daß der innerbetriebliche Aufstieg (zum Beispiel zur Fachführungskraft) in greifbare Nähe rückt. Innerhalb des Dialoges erfährt jeder Mitarbeiter, was von Unternehmensseite für die Zukunft geplant ist und welche Anstrengungen er aufzubringen hat, um an seinem Arbeitsplatz mit innerer Sicherheit nach vorne zu blicken. Innerlich fällt die Unsicherheitsbarriere, ob er morgen noch gebraucht wird und seinen Arbeitsplatz noch qualifikatorisch ausfüllen kann. Der Mitarbeiter erkennt, daß er hierfür aktiv werden kann, daß er zum Beispiel durch Weiterbildungskurse Veränderungen in seinem direkten Arbeitsumfeld meistert und die Zukunft beherrschbar, ja berechenbar wird. Und diesen Standpunkt kann er auch mit Vehemenz vertreten, kann in der Folgezeit direkt auf die Führungskraft zugehen und die Weiterbildung einfordern, die er für eine erfolgreiche Zukunft an seinem Arbeitsplatz oder zu seinem Karriereweg braucht.

Betriebliche Weiterbildung rangiert in diesem System nicht mehr auf der Stufe eines hinderlichen „Nebengleises" im betrieblichen Alltag (wie vorne ausgeführt), sondern wird wichtiger Bestandteil des Geschäftsprozesses und maßgebendes Mittel, um die strategischen Geschäftsvorgaben zu erfüllen.

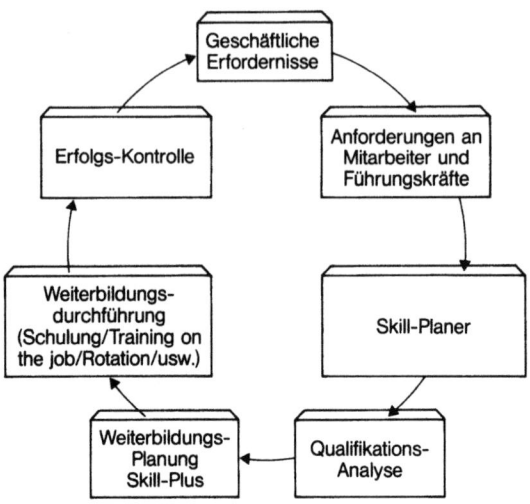

Abbildung 20: Geschäftsprozeß betriebliche Weiterbildung

Abbildung 20 versucht gerade diesen idealisierten Sachverhalt graphisch wiederzugeben. Alles überragend stehen an erster Stelle die geschäftlichen Erfordernisse, aus denen sich die Anforderungen an die Mitarbeiter und Führungskräfte einer Organisation „nahezu selbstverständlich" ergeben. Um in der Logik des Schaubildes zu bleiben, können nun aus den zwei vorhergegangenen Schritten auch die Anforderungen an die betrieblichen Aus- und Weiterbildungsinstanzen definiert werden, die ja per interner Aufgabenzuweisung ein Garant für den Erfolg einer Organisation sein sollen.

Erst nach detaillierten, strategischen Vorgaben treten die betriebsinternen Bildungseinrichtungen auf den Plan und bringen mit gezielt eingerichteten Schulungsmaßnahmen den angestrebten Qualifikationsschub.

Da die internen Bildungsinstitutionen nun ihrer Aufgabenstellung sicher sind, können Pläne kreiert werden, Lehrgänge zum Leben erweckt werden. Natürlich kann auch kontrolliert werden, wie gut oder schlecht die Teilnehmer das ihnen „Zugemutete" verarbeitet haben.

Eine erfolgreich durchgeführte Bildungsmaßnahme ist somit unentbehrliches Glied in einer intakten Kette: Die Erfolge aus dem Weiterbildungsbereich wirken positiv auf die geschäftlichen Ergebnisse, das organisationsinterne Leistungsniveau steigt, und bereits beim zweiten Durchlauf (zum Beispiel im nächsten Geschäftsjahr) befindet sich die Organisation in einer weitaus erfreulicheren Ausgangslage und hat wesentlich positivere Startbedingungen in die neue Planungsperiode. Jedes weitere Wort wäre zuviel, wenn dieser idealtypische Kreislauf auch nur ansatzweise in der Realität zu finden wäre; in der Regel fehlt bereits das erste Glied unserer hier vorgeführten Kette.

Denn so selbstverständlich, wie eben beschrieben, lassen sich die Anforderungen an die Mitarbeiter und Führungskräfte kaum aus den geschäftlichen Erfordernissen ableiten, zumindest steckt in diesem Schritt kein Automatismus, sondern vielmehr kombinatorische Kleinstarbeit (die jedoch zuerst einmal gemacht werden muß). In Analogie zu den Personalinformationssystemen befinden sich Anforderungsdiagramme an die einzelnen Organisationseinheiten in einer zweifelhaften Verfassung und rangieren, wenn überhaupt existent, zwischen den Attributen „unausgereift" und „mangelhaft".

Nur sehr schleppend erkennen europäische Unternehmen, daß der geschäftliche Erfolg geplant werden kann und muß, daß der internationale Wettbewerbsdruck neue Gesetze aufstellt und mit neuen Spielregeln aufwartet. Auf angestammte Absatzmärkte kann nur noch gesetzt werden, wenn man diese auch zeitgemäß beliefert, wenn man auf der Höhe der Jetztzeit ist oder besser den „Fuß" in die zukünftige „Weltmarkttür" geschoben hat. Neben dem immer wichtiger werdenden Management von Innovationen wird das Management der Qualifikationen (SKILL-Management) zum ausschlaggebenden Faktor und die Meßlatte sein, an der sich entscheidet, welcher Hersteller von Dienstleistungen und Produkten die modernen Ausscheidungskämpfe unbeschadet übersteht und welcher Firmenname auch noch in zukünftigen Branchenverzeichnissen zu finden sein wird.

Eine integrierte Weiterbildung leistet hierfür einen nicht unwesentlichen Beitrag, und eine Organisation, die sich in der aktuellen Situation nicht mit den Qualitäten ihrer Belegschaft beschäftigt, wird in nicht allzu ferner Zukunft hierfür keine Gelegenheit mehr haben.

„Wer zu spät kommt, den bestraft das Leben" formulierte auf der politischen Bühne unlängst der sowjetische Präsident Michail Gorbatschow. Die Formel ist übertragbar und trifft im Kern die Brisanz der angesprochenen Forderungen. Noch sind aber die Stimmen groß an Zahl, die jede Weiterbildungsmaßnahme als unnötigen Kostenfaktor verunglimpfen und sich den resultierenden Nutzen gern auf Mark und Pfennig ausrechnen lassen möchten.

Diese Kosten-Nutzen-Rechnung entstammt sicherlich hehren Motiven und bewahrt in vielen Fällen vor Fehlinvestitionen, doch im Grunde verbirgt sich hinter derartigen Bilanzrechnungen die Sorge samt Frage, ob nicht von Unternehmerseite zuviel Kapital in die Mitarbeiterqualifikation gesteckt worden ist und wird. Mit anderen Worten handelt es sich bei diesem Rechnungskalkül um die Angst, daß durch Weiterbildungsmaßnahmen die Mitarbeiter unangemessen hoch qualifiziert wurden und werden.

Dieser Verdacht konnte trotz intensiver Nachforschungen unsererseits nicht erhärtet werden, kein nach modernen Gesichtspunkten organisiertes Unternehmen unterfordert seine Mitarbeiter. Wenn es tatsächlich Überqualifikationen geben sollte, kann dies nur von Vorteil sein, weil eine so vorhandene „positive" Disparität bei entsprechenden Freiräumen zur Vitalität der Unternehmung beiträgt. Zudem verfügt sie so über unangetastete Innovationspotentiale, die sicher am wenigsten zum ruinösen Untergang des Betriebes führen.

Eine bedenklich stimmende Art der Unterforderung ist jedoch immer noch weit verbreitet. Taylors Fließbandarbeit fordert nach wie vor ihre Tribute und verachtet die menschlichen Fähigkeiten, degradiert den Menschen zum Maschinenteil und setzt nach wie vor auf die Kreativität und Planungskraft von wenigen „auserwählten" Organisationsbetreibern. Wir haben diesen defizitären Zustand bereits anfänglich mit aller Schärfe hinterfragt. Eine Organisation, die heute noch mit derartigen Konzepten operiert, wird sich selbst ins Abseits führen.

Was den japanischen Markt schon seit über 200 Jahren so schwierig macht und japanische Anbieter so erfolgreich, sucht nun auch die okzidentalen Märkte heim. Nämlich der Wandel vom Verteilermarkt, an dem immer Gütermangel herrscht, zu einem übersättigten Markt, der nicht mehr nur beliefert sein will, sondern dessen Wohlwollen man gewinnen muß. Dieser Markt stellt an die Anbieter exklusive Anforderungen und Sonderwünsche, die nicht mehr mit hohen Stückzahlen und gleichförmigen Angeboten zu befriedigen sind (vgl. hierzu den Aufsatz von Hisako Matsubara, 1989).

Die „Investition in Mitarbeiter" ist für ein Unternehmen das sicherste Erfolgsrezept und liefert per se die Antwort auf die oft gestellte Nutzenfrage betrieblicher Bildungs- und Personalentwicklungsarbeit.

Der SKILL-Planer

Definition der Wissensgebiete und Qualifikationen

Greifen wir noch einmal die bisher gemachten Ausführungen auf, um anschließend die abgeleiteten Forderungen in ein operationales Konzept zu überführen. Im ersten Teil wurde deutlich, daß strukturelle und qualifikatorische Modifikationen unmittelbar anstehen und mit Lösungen oder abfedernden Maßnahmen nicht mehr allzulange gewartet werden sollte.

Den Hintergrund für die Veränderungen bietet zum Beispiel im Produktionsbereich der unternehmerische Einstieg in die „Fabrik der Zukunft" (siehe Abbildung 21, folgende Seite: „Fabrik der Zukunft", ein ganzheitliches Modell), und dies bedeutet eine Weiterentwicklung bisheriger Strukturen auf der gesamten Betriebsebene und weniger eine partielle Anpassung einzelner Geschäftsbereiche. Das Konzept „Fabrik der Zukunft" bricht mit Teillösungen und verfolgt eine ganzheitliche betriebliche Umgestaltung, mit der die technologische Spitzenstellung zu wettbewerbsfähigen Kosten gehalten werden kann.

Zur Realisierung dieser Zielvorgaben, und darüber ist man sich in Fachkreisen einig, kommt der Qualifikation des Mitarbeiterpotentials und deren ständiger, vorausschauender Anpassung eine fundamentale Bedeutung zu, eine Schlüsselfunktion für den erfolgreichen Schritt ins Jahr 2000. Die strategische Unternehmensplanung legt den Grundstein für den geschäftlichen Erfolg und gibt die Ziele vor, an der sich alle organisatorischen Teilbereiche und Funktionseinheiten orientieren müssen.

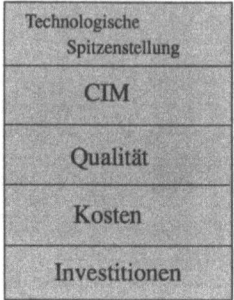 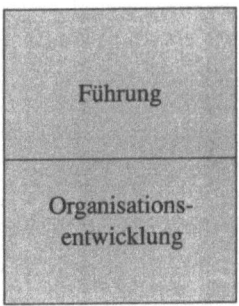

Abbildung 21: Fabrik der Zukunft – ein ganzheitliches Modell

Derartige grundsätzliche Vorgaben wären zum Beispiel, welches der zukünftige Markt sein soll, mit welcher Produktvielfalt und Menge dieser Markt erobert werden soll, welche Anforderungen dadurch auf die einzelnen Geschäftsbereiche zukommen, welche und wie viele Mitarbeiter mit welchen Qualifikationen hierfür zur Verfügung stehen müssen und dergleichen mehr. Dieser Prozeß der strategischen SKILL-Planung (SKILL-Management) bis hin zur anwendungsbezogenen Instrumentalisierung (SKILL-Planer) wird anhand der folgenden Abbildungen schrittweise aufgebaut und verdeutlicht.

Abbildung 22 vermittelt einführend, welche Gesamtkonzeption dem „Management von Fähigkeiten und Qualifikationen" unterlegt ist. Oben steht die unternehmerische Vision der Organisation mit der wegweisenden Strategie und daran abgeleiteten Zielen, getragen und vorbereitet durch ein marktorientiertes Ausloten der Möglichkeiten und Gegebenheiten, die den größtmöglichen Erfolg in der jeweiligen Branche gewährleisten.

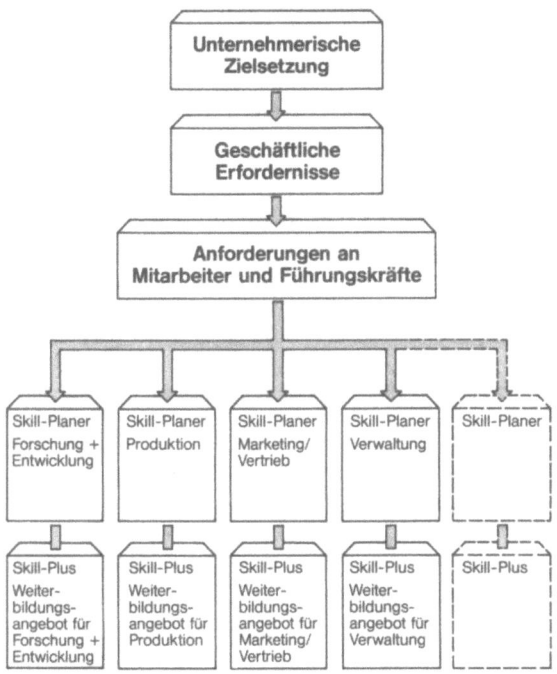

Abbildung 22: Schritte zum SKILL-Planer „Übersicht"

Zum Erreichen dieses Ziels müssen geschäftliche Erfordernisse erfüllt werden, müssen zum Beispiel Qualitätsprodukte kreiert und gefertigt werden, die tatsächlich den erwarteten Profit erbringen und zu konkurrenzfähigen Kosten an dem vordefinierten Markt abgesetzt werden können. Dies stellt selbstverständlich gewisse Anforderungen an alle organisationsrelevanten Bereiche und ist abhängig von den Fähigkeiten der neu rekrutierten oder bereits beschäftigten Mitarbeiter und Führungskräfte. Im Idealfall, und dieser soll hier angestrebt werden, kann für jede Funktionseinheit vordefiniert werden, welche Anforderungen für sie innerhalb der Gesamtorganisation von Relevanz sind, welche (Mindest-) Leistung jede Einheit zum Gelingen des Gesamtprozesses beizusteuern hat.

Abbildung 22 entwirft deshalb den Mitarbeiterstamm in die verschiedenen Verästelungen innerhalb der Organisationslandschaft, und für jede dieser Untereinheiten gilt es, die zugewiesenen Erwartungen zu erfüllen. Gesteuert wird dieser Prozeß mit Hilfe verschiedener SKILL-Planer (zum Beispiel SKILL-Planer „Produktion", SKILL-Planer, „Verwaltung", ..., die darüber hinaus noch in die verschiedenen Hierarchieebenen differenziert werden sollten), in denen die jeweiligen Anforderungen vorformuliert sind und in die in einem späteren Schritt auch die Fähigkeiten der Mitarbeiter eingehen werden.

Mit analytischem Feingefühl lassen sich dann die Divergenzen zwischen derzeitiger und zukünftiger Anforderung und Fähigkeit herausschälen und durch entsprechende Weiterbildungsmaßnahmen bereinigen.

Wiederum idealtypisch wird jedem Organisationsbereich ein Weiterbildungskatalog (SKILL-Plus) zur Seite gestellt, der die qualifikationssteigernde Antwort auf jedes Defizit bereithält.

Wie bereits weiter oben kritisch geäußert wurde, reißt in der organisatorischen Praxis die dargestellte Kette bereits auf der Ebene, wo grundsätzlich die Anforderungen an die Mitarbeiter und Führungskräfte definiert werden sollten.

Dies zu verhindern, ist Aufgabe der schon mehrfach angesprochenen „SKILL-Boards", einem von der Geschäftsleitung beauftragten Stab. Wie sich deren Tätigkeit genauer darstellt, kann mit Hilfe von Abbildung 23 nachvollzogen werden.

SKILL-Boards erarbeiten zunächst einmal die unterschiedlichen Haupteinsatzgebiete und Zuständigkeiten der Mitarbeiter, und dies an die Pläne und Vorgaben der Geschäftsleitung (Unternehmensstrategie) angehängt. Etwas plakativer formuliert, muß zu Beginn des Gestaltungsprozesses in groben Zügen dargelegt werden, ob zur Verwirklichung des Unternehmensziels Ingenieure, Lehrer oder sonstige Berufsgruppen in welchen groben Quantitäten zur Verfügung stehen sollen und natürlich wie viele Personal- und Fachführungskräfte vorzusehen sind.

An diese generelle Ausrichtung angegliedert kann nun differenzierter auf die sich herauskristallisierenden Aufgabengebiete hingearbeitet werden oder, um bei dem gewählten Beispiel zu bleiben, wird nun die Entschei-

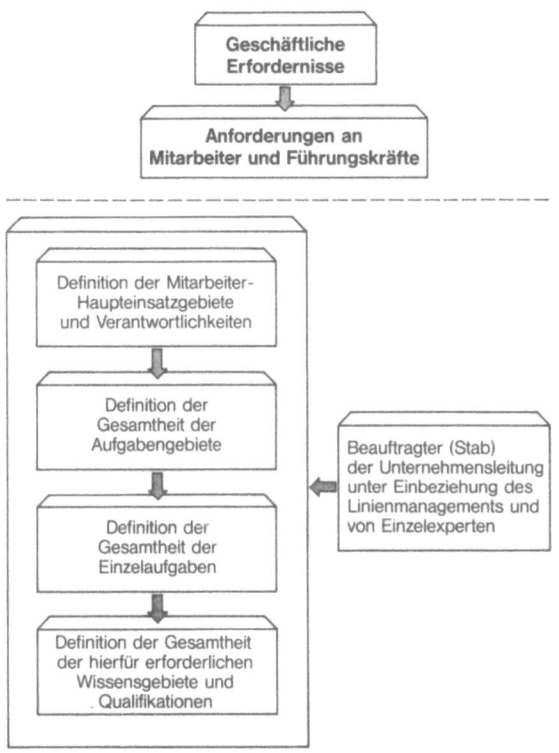

Abbildung 23: Definition der Wissensgebiete und Qualifikationen

dung gefällt, ob die favorisierte Berufsgruppe „Ingenieurdisziplinen" eher aus Textilfachleuten zusammengesetzt werden soll oder ob nicht etwa Maschinenbauingenieure zur Erfüllung der Geschäftsvorgaben besser geeignet sind und welche Aufgaben diese Berufsgruppe zu erfüllen hat. Zu dieser spezifischen Definition können und sollten die SKILL-Boards Erhebungen „vor Ort" durchführen, das heißt alle Managementebenen in den Gestaltungsprozeß einbeziehen und für praktische Anregungen immer ein offenes Ohr bereithalten.

Die Tendenz ist klar, daß sich nämlich jeweils Spezielleres aus dem Allgemeinen herausbildet, ohne daß dabei die strategischen Ziele verwässern. Sobald die Gesamtheit der Aufgabengebiete definitorisch festgelegt ist, kann dieses Grobraster weiter verfeinert werden und in die entsprechenden Einzelaufgaben aufgegliedert werden. Auch hier ist wieder entscheidend, daß auf der Basis eines lückenlosen Aufgabenverzeichnisses ein gleichwohl vollständiger Katalog mit Einzelaufgaben aufgebaut wird.

Auf der abschließenden Stufe, die sich der ausführenden Ebene bereits beträchtlich genähert hat, wird die Definition der wiederum abgeleiteten Wissensgebiete vollzogen, das heißt gleichsam festgelegt, mit welchen fertigungsspezifischen Problemstellungen sich der im Beispiel „erwählte" Maschinenbauingenieur in seinem Tätigkeitsfeld konfrontiert sieht, welches Wissen, welche Fähigkeiten, welche Schlüsselqualifikationen zur Verfügung stehen sollten oder welche Qualifikationsvielfalt von diesem Mitarbeiter heute und in Zukunft erwartet wird.

Verläßt man das Beispiel und wagt den Schritt zur Verallgemeinerung, können mit akribischem Fleiß a) die Gesamtheit der organisationsrelevanten Funktionen und b) alle hierfür erforderlichen Fähigkeiten zusammengestellt werden.

Dieses Sammelsurium an Wissens- und Qualifikationsgebieten, die in einer multifunktionalen Organisation zum Tragen kommen, bildet die ausschlaggebende SOLL-Komponente des SKILL-Planers. Mit anderen Worten verkörpert der SKILL-Planer zunächst einmal nur eine Auflistung aller zum Geschäftsprozeß notwendigen Fähigkeitsausprägungen und Kenntnisse, für die es innerhalb der Belegschaft ein Gegenüber geben muß. In allgemeinster Form handelt es sich bei diesem Instrument lediglich um einen Überblick, einen Katalog oder auch Entwurf über alle Wissens- und Fähigkeitskomponenten, die für das Funktionieren der Organisation als wichtig erachtet werden. Erarbeitet wird diese „Wissenspalette" durch die SKILL-Boards, deren Hauptaufgabe es ist, in Expertengesprächen, unter Einbeziehung von Managern und Praktikern aus allen Unternehmensbereichen und unter Berücksichtigung innovativer Prognosen, den SKILL-Planer mit Leben zu füllen. Leben bedeutet in diesem Zusammenhang nicht mehr als die lückenlose Auflistung und Gliederung geschäftsrelevanter Qualifikations- und Wissensgebiete für den Moment und einen kommenden Zeitraum von zwei Jahren.

Bevor nun weitere Finessen des SKILL-Planers angesprochen werden, und davon gibt es noch einige, ist folgendes erreicht: Jede Führungskraft (und hier besonders die erste Managerebene) hält fortan einen „topdown"-geprägten Anforderungskatalog in Händen oder sieht sich mit einem strategisch erstellten Anforderungskatalog konfrontiert, der an die ihm/ihr unterstellte Abteilung gewisse Erwartungen anlegt. Die Führungskraft wird verantwortlich in den Geschäftsprozeß einbezogen und muß in Eigeninitiative um die benötigten Mitarbeiterpotentiale Sorge tragen.

Somit bleibt bis hin zum ausführenden Segment einer Organisation der „rote Faden" (die Geschäftsvorgaben) durchgehend erhalten, und die Führungskraft auf Abteilungsebene weiß um die gestellten Anforderungen und kann diese auf jeden einzelnen Arbeitsplatz übertragen.

Der wesentliche Unterschied zur traditionellen Findung von Qualifikationsprofilen verbirgt sich hinter der einfachen Ausrichtung jeder Teilfunktion an den geschäftlichen Vorgaben und beinhaltet damit den Abschied von eher zufälligen Arbeitsplatzbeschreibungen aus dem personaladministrativen Bereich.

Mit Hilfe des Betriebsingenieurs, einer schon zum Allgemeinplatz gewordenen Berufssparte in der „Fabrik der Zukunft", soll dieses noch abstrakte Konstrukt in eine anschaulichere Form gebracht und weiter exemplifiziert werden. In dieses Beispiel fließen auch Festlegungen und Erfahrungen ein, die 1989 bei der IBM Deutschland GmbH mit der Ausarbeitung des „SKILL-Planers '90" gemacht wurden.

Der *Betriebsingenieur* hat per Geschäftsvorgabe die Verantwortung für die Stabilität der Prozesse und die Qualität der Produkte an einer laufenden Linie. Als Einsatzgebiet gilt somit eine qualifizierte und bereits ausgereifte Produktionseinheit, und seine Hauptaufgaben liegen in der Sicherung und Optimierung der Fertigung.

Damit ist noch nichts über die tatsächlichen Anforderungen an einen Betriebsingenieur ausgesagt, sondern nur klargelegt, welchen Platz und welche Aufgabe er in der Produktion zu begleiten hat. Über diese Vorgabe lassen sich die Aufgabengebiete jedoch wesentlich präzisieren: Man erhält die Grobkörnung in Prozeßbetreuung, Kooperation mit Lieferanten, Dokumentation der Prozesse, Anlaufunterstützung für neue Produkte in der Linie, Beratung neuer Linien, Qualitätsüberwachung, Förderung des Fertigungspersonals und ähnliches.

Zwar ist das Aufgabengebiet des Betriebsingenieurs nun umrissen, noch fehlen aber genau jene Hinweise, über welche Fähigkeiten (SKILLs) er hierfür verfügen muß. Abbildung 24 greift prinzipiell Abbildung 23 erneut auf, diesmal jedoch um das konkrete Fallbeispiel „Betriebsingenieur" erweitert. Wiederum sind dessen Aufgaben durch seine Haupteinsatzgebiete und Verantwortlichkeiten determiniert. Definiert man hieraus die sich ergebenden Einzelaufgaben, sieht man sich einer schnell anwach-

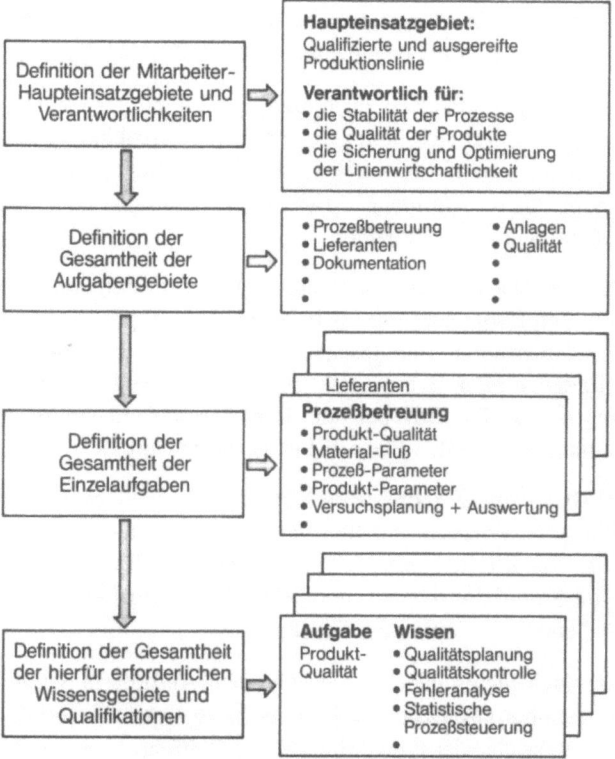

Abbildung 24: Definition der Wissensgebiete und Qualifikationen am Beispiel „Betriebsingenieur"

senden Flut an Informationen gegenüber, wobei jedes vordefinierte Aufgabengebiet endlich viele Arbeitsfelder erschließt.

Enttarnt man allein alle Einzelaufgaben, die mit dem Stichwort „Prozeßbetreuung" zu fassen sind, so erkennt man, welche Kreise mit dem SKILL-Planer gezogen werden und welch ungeheure Analysekraft dieses Instrument entwickelt. Dasselbe ließe sich auch über die Aufgabengebiete „Lieferanten", „Dokumentation" und anderes aussagen, doch bleibt der Inhalt der gleiche, und noch ist der letzte Schritt respektive der eigentliche inhaltliche Wert des SKILL-Planers nicht erreicht.

Aus der Fülle der Einzelaufgaben gilt es nun für die SKILL-Boards (in enger Zusammenarbeit mit kompetenten und innovationsbewußten Experten), jede Einzelaufgabe dahingehend zu definieren, welche genauen Wissensgebiete denn nun eigentlich erforderlich sind, welche Totalität an SKILLs von den Betriebsingenieuren in der Produktion abzudecken ist.

Es muß nicht explizit erwähnt werden, daß am Ende des Prozesses ein umfangreicher Wissenskatalog steht, der den Anspruch auf eine vollständige Erfassung der erforderlichen Fähigkeiten erhebt. Um jedoch diese SKILL-Palette über die Funktionseinheit „Betriebsingenieur" hinaus zu vervollständigen und dadurch die Gesamterfassung für die Produktion voranzutreiben, muß dieselbe Ausarbeitung auch auf die verbleibenden Mitarbeiter-Kategorien ausgedehnt werden. Hierbei werden höchstwahrscheinlich Überschneidungen auftreten, so daß sich das Anforderungsprofil eines Projektingenieurs nicht gänzlich von dem eines Betriebsingenieurs unterscheidet – dies vor allem bei den die soziale und methodische Kompetenz prägenden Qualifikationen.

Mit fortschreitender SKILL-Planung wird somit auch die Aufgabe der SKILL-Boards überschaubarer, und bei wiederholter, beispielsweise jährlicher SKILL-Erfassung wird das zunächst kompliziert scheinende Verfahren weniger arbeitsintensiv und zu einer „dynamischen Routine". Dennoch machen uns die Erfahrungen glauben, daß dieser Mehraufwand im Personalsektor nicht auf zusätzliche Mitarbeiter angewiesen ist und ein sinnvoller Einsatz der vorhandenen Kräfte die planerischen Erfordernisse abdeckt. Nur auf diese Art und Weise kann jedoch gewährleistet werden, daß bis hin zur ausführenden Ebene das geschäftsnotwendige Potential an Fähigkeiten erfaßt wird.

Der eben beschriebene Ablauf kann auf all die Organisationseinheiten (Vertrieb, Verwaltung, Marketing usw.) übertragen werden, die für eine effizient arbeitende Organisation vonnöten sind. Wichtig bleibt nach wie vor, daß die Geschäftsleitung jährlich aus den strategischen Vorgaben einen Fähigkeits-SOLL-Katalog erstellt oder durch den eingesetzten SKILL-Board erstellen läßt, in dem sich sämtliche momentanen und zukünftigen SKILLs wiederfinden.

Somit wird „top down" die Marschroute klargelegt, die von den nachfolgenden Funktionsebenen realisiert wird, und nur so kann konzeptionell der wettbewerbsnotwendige Erfolg geplant werden. Der entstandene SOLL-Katalog an Fähigkeiten ist in dieser Form losgelöst von realen Personen und existenten Qualifikationen, er ist eine strategische Vorgabe, an die in einem späteren Schritt die existenten „Potentiale" angeglichen werden können.

Definition des Wissens- und Qualifikationskataloges

Die bislang angesprochenen SKILLs sind weithin fachlich determiniert und dominieren rein zahlen- und mengenmäßig auch die Anforderungspalette in einer modernen Massenorganisation. Für ein souveränes Handeln und Interagieren dürfen darüber hinaus soziale und methodische Kompetenzen nicht vernachlässigt werden, da nur ein vielseitig und ganzheitlich geschulter Mitarbeiter a) seine Identität bei hochkomplexen Zusammenhängen bewahren kann und b) seinem Aufgabengebiet gerecht wird (vgl. Faix u. a. 1989a).

Der SKILL-Katalog (siehe Abbildung 25) gewinnt somit ein letztes Mal an Umfang, aber auch an Gewicht und Aussagekraft, und alle neuesten Erkenntnisse untermauern die Unverzichtbarkeit dieser Kompetenzerweiterung. Dies zu bedenken und einzuarbeiten ist den SKILL-Boards dringend angeraten, da ja jeder SKILL-Planer (unabhängig vom jeweiligen Organisationsbereich) den Anspruch auf Vollständigkeit erhebt und ein Planungsinstrument für die Zukunft darstellt, einer Zukunft, die den Mitarbeiter ganzheitlich beansprucht.

Ein so erweitertes Analyseinstrument kann innerhalb des SKILL-Managements zusätzlich zur Personalentwicklung eingesetzt werden, weil gerade jene Kompetenzbereiche auch wichtige Anforderungskriterien für

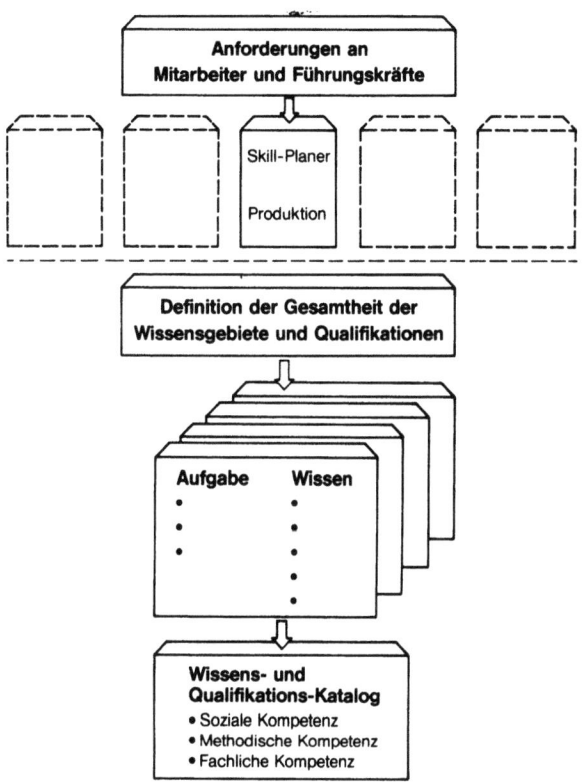

Abbildung 25: Definition des Wissens- und Qualifikationskataloges

Fach- und Personalführungskräfte darstellen. Ausprägungen wie Kommunikationsfähigkeit, Denken in komplexen Systemen, Entscheidungsfähigkeit, die an potentielle Führungskräfte angelegt werden, sind in der Praxis nur latent vorzufinden und werden bisher in eher diffusen und umstrittenen Verfahren bei den Bewerbern abgefragt.

Ein manifestes SKILL-Profil für werdende Führungspersonen mit vorgezeichneten sozialen und methodischen Schlüsselqualifikationen erweist sich als personalplanerisch wesentlich interessanter und vereinnamt folgende vorteilhaften Züge für sich:

- Bei einem (später noch beschriebenen) SOLL-IST-Vergleich liefert diese vorgegebene Struktur bei Schlüsselqualifikationen den organisatorischen Planungsstäben interessante Vorinformationen über Nachwuchskräfte, deren Anzahl, Ausstattung und Mängel.
- Die unteren Managementebenen sind gefordert, sich mit modernen Führungskriterien auseinanderzusetzen und sich über deren Gehalt Klarheit zu verschaffen.
- Die manifesten Schlüsselqualifikationen zeigen im individuellen Bereich dem Mitarbeiter, der seinen persönlichen Karriereweg planen möchte, welche Schwächen ihn von dem angestrebten Ziel „Führungskraft" trennen und in welchen Bereichen er sein Engagement intensivieren sollte.
- Schließlich wird über die diesbezüglich vorgegebenen SOLL-Strukturen die Diskussion über die tatsächlichen Anforderungen an Fach- und Personalführungskräfte angeheizt, was für die Sache selbst durchaus konstruktiv ist.

Da die fachlichen Anforderungskomponenten sicherlich direkt einleuchten und von Organisation zu Organisation entsprechend variieren und unternehmensspezifisch aufgelistet werden müssen, bedürfen sie an dieser Stelle keiner expliziten Erläuterung.

Wichtiger scheint die Klarlegung der sozialen und methodischen Kompetenzen, die branchenübergreifend angelegt sind und die sich somit ein gutes Stück verallgemeinern lassen (vgl. Abbildung 26).

Soziale Kompetenz

Hinter dieser wiederentdeckten Persönlichkeitskomponente verbergen sich individuelle Fähigkeiten und Erkenntnisse, die die Kommunikation und Kooperationsbereitschaft des einzelnen mit seinem näheren Arbeitsumfeld verbessern helfen. Miteinander wird in der zukünftigen Arbeitswelt produziert werden und nicht in Einzelkämpfermanier oder gar „gegen den Rest der Welt". Eigene Fähigkeiten und der persönliche Wissensvorsprung werden in ein gegenseitiges „Geben und Nehmen" eingebettet sein, und nur wer sich seine Teamfähigkeit bewahrt, kann in einem modernen Produktionszentrum integriert sein. Dasselbe trifft auch für die Innovationsbereitschaft zu, denn nur wer sich persönlich mit

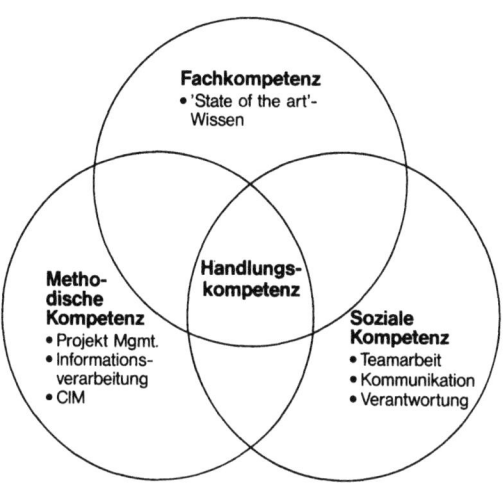

Abbildung 26: Mitarbeiter-Qualifikation im Unternehmen der Zukunft

seiner Aufgabe identifiziert, bewahrt sich seine Aufnahmefähigkeit für Neues und trägt seine Ideen bei.

Soziale Kompetenz wird zum Schlüsselbegriff für verantwortliches persönliches Handeln, sowohl am Arbeitsplatz wie auch in privaten und gesellschaftlichen Belangen. Nur wer Persönlichkeit einbringt, wagt es, Entscheidungen zu treffen und Standpunkte einzunehmen und wird ein vollwertiger Bestandteil in einer auch ökologisch bedrohten Welt, wird betroffener Teil in einer komplexen Gesellschaft und nicht Spielball anderer (vgl. hierzu die ausführliche Darstellung von Faix/Laier 1989b).

Eine mögliche Auflistung diesbezüglicher SKILLs könnte etwa folgendermaßen aussehen:

- Selbstkontrolle und Selbststeuerung
- Kommunikationsfähigkeit
- Einflußnahme und Gestaltungswille
- Kooperationsbereitschaft und -fähigkeit
- Arbeiten im Team
- Gruppenintegratives Verhalten
- Menschenkenntnis

- Coaching-Fähigkeit
- Soziale Sensibilität
- Verhalten in kritischen Situationen und bei Konflikten
- Kreativität und Innovationsfähigkeit
- Entscheidungsfähigkeit
- Verantwortungsmotivation und -verhalten
- Auftreten
- Sprache/Ausdruck

Hierbei wird kein Anspruch auf Vollständigkeit erhoben. Für bestimmte Organisationen können durchaus noch andere Sozialkomponenten zum Tragen kommen.

Methodische Kompetenz

Dieser zweite Schwerpunkt repräsentiert alle Erkenntnisse bezüglich moderner Arbeitstechnologien, mit denen der Mitarbeiter als Betreiber einer vernetzten Organisationsstruktur konfrontiert ist. Sich seiner geistigen Fähigkeiten bedienen und die Lernfähigkeit bewahren wird zu einer tragenden Säule beruflicher Souveränität.

Die Nutzbarmachung vielfältiger Informationsangebote und zugleich die Selektierung relevanter Daten wird ein Schlüssel zum erfolgreichen Arbeiten und korrespondiert mit einer unbewältigbaren Flut an Wissen. Ebenso relevant wird für viele Berufssparten, sich mit Problemen und Möglichkeiten einer computerintegrierten Fertigung vertraut zu machen, damit nicht irgendwann die „Besen" ohne Zutun und Wissen der involvierten Mitarbeiter „tanzen" (weiterführende Lit. zu CIM: Reuss u. a. 1988).

Einige methodische Ausdifferenzierungen sollten nicht fehlen, und an dieser Stelle seien folgende Komponenten genannt:

- Analytisches Vorgehen
- Kreatives Vorgehen
- Strukturierendes Denken
- Logisches Denken
- Kontexturelles Denken
- Kritisches Denken

- Lerntechniken
- Dokumentation
- Nutzung von Informtionsangeboten
- Umgang mit Literatur, Bibliotheken und Datenbanken

Bezogen auf die quantitative Ausgestaltung des SKILL-Planers liegt ein Großteil der Anstrengungen nun bereits hinter uns, gleiches läßt sich zu diesem Zeitpunkt leider noch nicht über die Analysefähigkeit des Instruments bemerken.

Beginnen wir mit der Schematisierung der herausgearbeiteten SKILLs, wobei die gemachte Dreiteilung „sozial, methodisch, fachlich" erste Ansatzpunkte liefert. Doch auch innerhalb dieser Größen finden sich sicherlich Subkategorien, die in einem Zusammenhang zueinander stehen und die wiederum in Untergruppen gefaßt werden können.

Diese interne Ordnung sollte zunächst einmal hergestellt werden. Ferner sollte auch bedacht werden, daß die Variablen später einer Form der Analyse standhalten müssen, was sehr leicht durch eine Zahlenzuweisung an jede Ausprägung erreicht wird und die SKILLs logisch unterscheidbar macht.

Um jedoch den Instrumentcharakter weiter auszubauen, müssen den SKILLs bestimmte Informationen zugewiesen werden können.

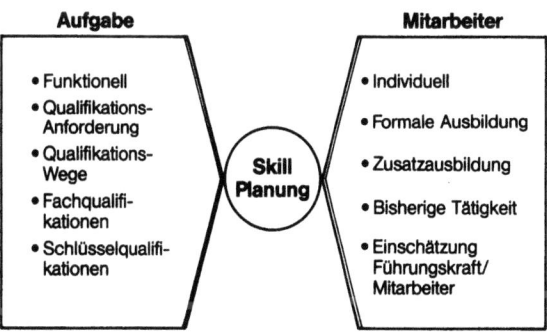

Abbildung 27: Zwei Ebenen der SKILL-Planung

Es wäre zuallererst eine SOLL-Spalte einzurichten, in die die Führungskraft das SOLL-Profil für jeden Arbeitsplatz innerhalb ihres Zuständigkeitsbereiches eintragen kann. Nebenstehend sollte Raum für das IST-Profil des Mitarbeiters geschaffen werden, in das alle Fähigkeiten des jeweiligen Arbeitsplatzinhabers eingehen müssen, die er/sie kraft Ausbildung und Erfahrung einzubringen hat (vgl. Abbildung 27, vorhergehende Seite: „Zwei Ebenen der SKILL-Planung").

SKILL-Stufen

Der SKILL-Planer, als Personalplanungsinstrument, ist nun in der Form angelegt, daß

a) die Gesamtheit der strategischen Fähigkeitsvorgaben katalogisiert ist (SOLL-Katalog),

b) für jeden Arbeitsplatz ein SOLL-Profil erstellt werden kann,

c) die Möglichkeit zur Erfassung der individuellen IST-Profile (arbeitsplatzbezogen) geboten ist und

d) die beiden Informationen in komparativer Form einander gegenübergestellt sind.

Das Instrument sollte darüber hinaus jedoch noch weitere Informationen aufnehmen, denn die in a) bis d) angelegten Grundbedingungen würden dem verantwortlichen Personalplaner lediglich einen stark schwarzweiß-gestaffelten IST-SOLL-Vergleich liefern.

Die Aussagekraft dieses Vergleiches erhält jedoch eine andere Qualität, wenn sowohl die strategisch vorgegebenen Wissensgebiete, als auch die individuellen Fähigkeiten eine „Abstufung" (im Sinne von Unterscheidung und nicht von Hierarchie) erfahren.

Eine Möglichkeit der Einstufung (und hier sei wiederum auf die bereits gemachten Erfahrungen bei der IBM Deutschland GmbH verwiesen) tendiert zu einer Viergliederung in die Werte 0, 1, 2 und 3, die folgendermaßen gehandhabt werden und die bereits in das Titelbild eingeflossen sind (Abbildung 28: SKILL-Stufen):

0... bedeutet, daß für ein bestimmtes SOLL-Wissens- oder Fähigkeitsgebiet zumindest ein Problembewußtsein vorhanden ist, auf tiefergreifendes Wissen jedoch verzichtet werden kann. Dasselbe bedeutet für die individuelle Bewertung und Einschätzung (IST), daß der Mitarbeiter auf diesem Wissensgebiet nur in Grundzügen Kenntnisse aufzuweisen hat. [Beide Werte sind jedoch in der Aufnahmephase voneinander unabhängig.]

1 ... bedeutet, daß in dem hier zugrunde gelegten Gebiet soviel Wissen vorhanden ist oder vorhanden sein sollte, daß eine konkrete Aufgabe bewältigt werden kann.

2 ... steht für eine kognitive Grundlage, mit der ein Wissensgebiet beherrscht und konsequent umgesetzt werden kann.

3 ... ist bei dieser Einteilung die höchste „Bewertungsstufe", die bereits Expertenreife voraussetzt oder auf der IST-Ebene eine hochgradige Qualifikation zur Grundlage hat.

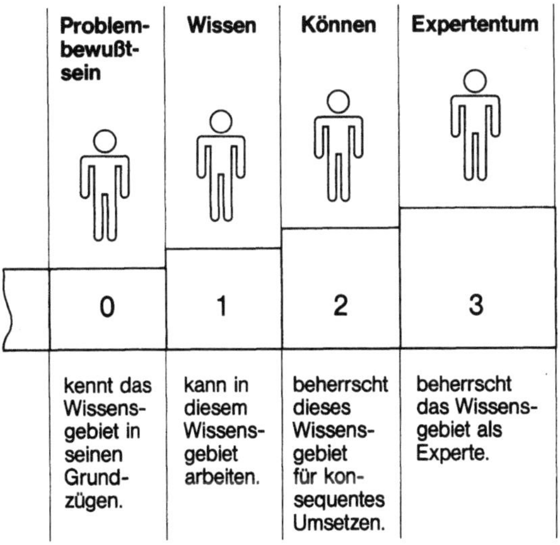

Problem-bewußt-sein	Wissen	Können	Expertentum
0	1	2	3
kennt das Wissensgebiet in seinen Grundzügen.	kann in diesem Wissensgebiet arbeiten.	beherrscht dieses Wissensgebiet für konsequentes Umsetzen.	beherrscht das Wissensgebiet als Experte.

Abbildung 28: SKILL-Stufen

Abbildung 29 (Einstufungsvarianten) soll die festgelegte Untergliederung noch einmal verdeutlichen, soll illustrieren, wie sich die Wissensstufen differenzieren und vor welchem Wissenshintergrund die Einreihung stattfindet.

WERT	AUSPRÄGUNG	DIFFERENZIERUNG	HINTERGRUND
0	kennen	Grundlagen	elementares Wissen
1	verstehen	Fachkenntnisse	funktionales Wissen
2	können	Erfahrungen	sachkund. Umgang
3	beherrschen	fundiertes Wissen	Expertenreife

Abbildung 29: Einstufungsvarianten

Zwei Beispiele für eine bessere Transparenz:

1. Programmierung, Programmiersprachen und Anwendung

SKILL-Stufe

0 KENNEN
Weiß, wozu es verschiedene Programmiersprachen gibt, kennt die grundlegenden Zusammenhänge der Programmierung und Programmlogik.

1 VERSTEHEN
Kann einfache Programmieraufgaben in einer speziellen Anwendung (zum Beispiel BASIC Auswertungen) wahrnehmen und kleinere Programmteile für seine spezifischen Belange ändern und warten. Bei besonderen Problemen ist er jedoch von der Unterstützung anderer abhängig.

2 KÖNNEN
Kann innerhalb seiner Anwendung verschiedene Anforderungen programmiermäßig lösen, hat auch Kenntnisse über das System, unter dem seine Anwendung läuft. Kennt verschiedene Programmiersprachen.

3 BEHERRSCHEN
Kennt verschiedene Sprachen und Systeme, beherrscht die Programmierung und unterstützt andere bei Programmierproblemen. Erarbeitet aus verschiedenen Anwendungen Problemlösungen (auch systemübergreifend). Kann über dieses Gebiet referieren.

2. Arbeiten im Team

SKILL-Stufe

0 KENNEN
Erkennt die Bedeutung von Arbeitsgruppen.

1 VERSTEHEN
Weiß, welches Verhalten die Gruppenarbeit fördert oder hemmt und kann dies auch in konkreten Situationen wahrnehmen.

2 KÖNNEN
Arbeitet oft in Gruppen und erkennt, wie sich sein eigenes Verhalten auf die Leistungsfähigkeit eines Teams und die Qualität von Arbeitsergebnissen auswirkt.

3 BEHERRSCHEN
Nimmt zusätzlich selber positiven Einfluß auf die Leistungsfähigkeit eines Teams, kann dieses moderieren und gestalterisch auf den „Feed-Back-Prozeß" einwirken.

Da der SKILL-Planer eine Vielzahl von Wissensgebieten umfaßt, und jeder Mitarbeiter (bzw. jeder vom Mitarbeiter losgelöste Arbeitsplatz) ebenfalls mit mehreren Qualifikationen in Verbindung steht, könnte hier der falsche Eindruck entstehen, daß auf allen Gebieten die Stufe 3 angestrebt wird und der SKILL-Planer nur ein Mittel auf diesem Weg ist. Genau das soll aber nicht das Ziel dieses Instrumentes sein, sondern hiermit sollen auf der SOLL-Seite nur die Anforderungsschwerpunkte mit den tangierenden Bereichen herausgearbeitet und auf der individuellen Seite (IST) die „highlights" und Schwächen dokumentiert werden, damit auf dieser Informationsbasis eine brauchbare Einschätzung der „Fähigkeitsverhältnisse" zustande kommt.

Definition des SKILL-Planers

Die dritte Ebene der SKILL-Planung, das heißt die Beschreibung der SOLL-Ausprägungen, liegt in der Hand der Abteilungsleiter. Von diesen wird erwartet, daß sie jene Aufgabengebiete durchaus realistisch einzuschätzen vermögen, die ihre Abteilung in den nächsten zwei Jahren innerhalb des Geschäftsprozesses zu bewerkstelligen hat.

Dagegen wäre die Annahme überzogen, daß die Führungskräfte ein substantielles Bewußtsein darüber haben, welche (vor allem) zukünftigen Wissensgebiete und Fähigkeitsveränderungen mit diesen Aufgaben assoziiert werden, welche technologischen Modifikationen zu erwarten sind. Hierfür wird der Rückgriff zum SKILL-Planer notwendig, in dessen definitorischem Teil a) sämtliche Aufgabengebiete zusammengetragen und b) sämtliche momentanen und zukünftigen Wissensgebiete den jeweiligen Aufgabengebieten zugeordnet sind. Diese Vorgabe dient der Führungskraft als Orientierung und Hilfe bei der SOLL-Erfassung.

Da es hier und natürlich auch bei der Festlegung der Wissenstiefe abteilungsübergreifende Überschneidungen und Parallelitäten gibt, muß ein Abgleich gleichgelagerter Arbeitsplätze dringend angeraten werden. Die Führungskräfte sind angehalten, ihre SOLL-Definition mit den verwandten Funktionseinheiten abzustimmen und mit ihren „Kollegen" in einen konstruktiven Dialog einzutreten. Dadurch wird die Gefahr der subjektiven Soll-Einschätzung, die latent vorhanden ist, minimiert und zusätzlich eine Kommunikation zwischen den verschiedenen Unternehmenseinheiten angeregt.

Zur Abrundung dieses Teiles verweisen wir letztlich noch auf Abbildung 30, in der sämtliche Planungskomponenten aufgezeigt sind. Auf dem SKILL-Planungsblatt sind alle Wissensausprägungen aufgereiht, die von den SKILL-Boards zusammengetragen wurden und die gesamte Anforderungspalette repräsentieren.

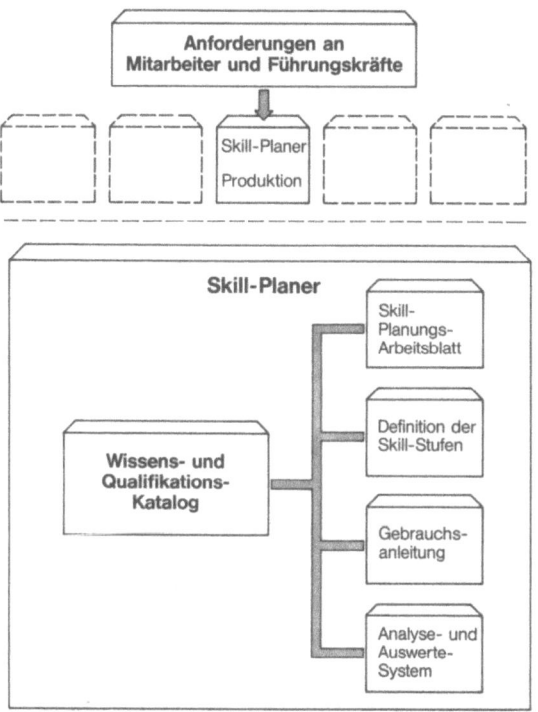

Abbildung 30: Definition des SKILL-Planers

Um die spätere Anwendung zu erleichtern, werden hier auch die SKILL-Stufen vordefiniert, deren exakte Handhabung im eigentlichen Planungskontext von eminenter Wichtigkeit ist. Zudem sind in der Gebauchsanleitung der Planungsablauf beschrieben und allen angesprochenen Aufgabengebieten die entsprechenden Wissensausprägungen zugeordnet.

Letztendlich hat die SKILL-Planung nur dann Sinn, wenn die erhobenen Daten auch aufbereitet und mit einem Analyse- und Auswertesystem konfrontiert werden. Hierzu findet sich in dem Teil „SKILL-Planung aus Unternehmenssicht" später mehr.

Anwendung: Die direkte Führungskraft als Aktivposten

Nachdem der vorausgegangene Teil die Entwicklung und das Innenleben des SKILL-Planers hinreichend dargelegt hat, wenden wir uns in diesem praxisorientierten Abschnitt der konkreten Handhabung des Instrumentes zu. Resultat der Vorarbeit ist die Broschüre „SKILL-Planer", bestehend aus einem definitorischen Vorspann und mehreren Planungsblättern, deren Ausgestaltung wir mit Hilfe von Abbildung 31 verdeutlichen wollen. Diese Arbeitsblätter, die durchaus mit einem Fragebogen verglichen werden können, bilden die eigentliche Grundlage für die SKILL-Erhebung und -Planung. Durchaus sinnvoll erweist sich eine mehrfache Ausführung jedes Planungsbogens. Um auf den „SKILL-Planer '90" bei der IBM Deutschland GmbH zurückzukommen, machte man hier gute Erfah-

	Soll '93	Ist '91	Ziele '92	Ziele '93	Aktion
Soziale Kompetenz • Kommunikation • Arbeiten im Team • •					
Methodische Kompetenz • Lerntechniken • Arbeitstechniken • Projektmanagement • •					
Fachliche Kompetenz • Datenverarbeitung • Statistische Prozeß-Steuerung • Mathematik • Technologie • •					

Name / Abteilung / Arbeitsplatz-Code

Abbildung 31: SKILL-Planungs-Arbeitsblatt

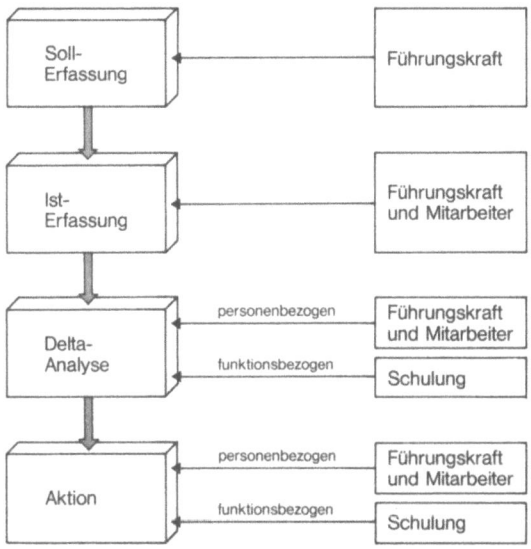

Abbildung 32: SKILL-Planer – Anwendung und Ablaufdiagramm

rungen mit einer dreifachen Ausfertigung (Originalbogen plus zwei Durchschläge). Das Original-Planungsblatt verbleibt bei der Führungskraft oder findet Eingang in die Personalhandakte; ein erster Durchschlag geht in den Besitz des Mitarbeiters über, der somit sein Qualifikationsprofil dokumentiert weiß und seinen weiteren Werdegang auch mitverfolgen kann; das dritte Exemplar wird zur Auswertung, Weiterbildungsplanung und betrieblichen Qualifikationsanalyse an die betriebliche Schulungsabteilung oder den dort befindlichen Datenadministrator weitergeleitet, jedoch aus betrieblichen Datenschutz-Gründen nur versehen mit der Kostenstelle und dem Mitarbeitereinsatzschlüssel und nicht mit personenbezogenen Daten oder Hinweisen.

Doch nun zur Detailbeschreibung der SKILL-Analyse (Abbildung 32). Jede Führungskraft, mit einem schwerpunktmäßigen Akzent auf die erste Managerebene (Abteilungsleiter), wird von den Initiatoren des SKILL-Planers zu einer Informationsveranstaltung eingeladen, bei der die Notwendigkeit und die innere Logik des Instruments angesprochen werden.

Diese Veranstaltung fällt in den Verantwortungsbereich einer höheren Organisationsebene (zum Beispiel Betriebsbereichsleitung), die die Dringlichkeit für ein verantwortungsbewußtes SKILL-Management mit Nachdruck an die versammelten Führungskräfte weitergibt, und ist verbunden mit einer Einführung respektive Anleitung durch Vertreter der SKILL-Boards mit der Möglichkeit zur Diskussion und Artikulation seitens der geladenen Führungskräfte. Diese Vorgehensweise hat sich bewährt und erscheint der Dringlichkeit der Sache angemessener als beispielsweise die Verteilung des SKILL-Planers durch die Hauspost, mit der zwar (karikiert gesprochen) tagtäglich sehr viel Material von A nach B transportiert wird, jedoch immer die latente Gefahr vorhanden ist, von B in Richtung Ablage zu wandern.

Insgesamt gesehen muß jedoch im Unternehmen ein Klima geschaffen werden, das der wertvollen Ressource „Mensch" gerecht wird und sich schließlich in einer SKILL-Management-Kultur niederschlägt.

Um den oben gesponnenen Faden wieder aufzugreifen, befinden sich die Führungskräfte nach einer thematischen Einführung in der Lage, die SKILL-Analyse innerhalb ihres Aktionsfeldes durchzuführen.

Die Verlagerung und Dezentralisierung der Qualifizierungsverantwortung in die Abteilungen und speziell zu den Führungskräften minimiert die Gefahr, daß betriebliche Weiterbildung die tatsächlichen Veränderungen im Unternehmen nur unzureichend auffängt. Das heißt gleichzeitig, daß in den Bereichen und Abteilungen, wo Veränderungen direkt anstehen, der Wandlungsprozeß aktiv mitgestaltet wird und somit personalplanerische Schritte in Eigeninitiative bewältigbar werden.

Der *erste Schritt* oder die erste Aktivität der Führungskraft richtet sich an die Findung und Zusammenstellung der SOLL-Profile für die erwarteten und momentanen Anforderungen an jeden Arbeitsplatz. Lediglich die SOLL-Struktur für jene Mitarbeiter, die hierarchisch höher entwickelt werden, sollte bezüglich sozialer und methodischer Kompetenzen mit einer höheren Managementebene abgestimmt werden. Innerhalb der Abteilung sollen Gemeinsamkeiten zwischen verschiedenen Arbeitsplätzen auch gleichrangig aufgenommen und bewertet werden, während Besonderheiten (zum Beispiel spezifische Anforderungen) in angemessener Form auf der SOLL-Seite verzeichnet werden.

Nach Abschluß dieser elementaren Vorüberlegungen soll die Führungskraft diese Erkenntnisse und grundsätzlichen Festlegungen aufs Papier bringen, das heißt, das SOLL-Raster für jeden Arbeitsplatz auf jeweils ein SKILL-Planungsblatt (mehrere Durchschläge) übertragen.

Hierbei werden jedem Arbeitsplatz die notwendigen SOLL-Wissensgebiete in Breite und Tiefe (0, 1, 2, 3) zugeordnet, und um die Vollständigkeit dieser aufgabenbezogenen Wissensgebiete garantiert zu haben, muß die Führungskraft ihre Anstrengungen mit den vordefinierten Zuordnungen Aufgabengebiet-Wissensgebiete im definitorischen Teil des SKILL-Planers abstimmen. Dadurch ist gewährleistet, daß tatsächlich mit den eingeforderten Zukunftsrelevanzen operiert wird. Zu jedem SKILL-Arbeitsblatt findet sich im Anhang noch zusätzlich ein Kommentarblatt für etwaige Anmerkungen der Führungskraft, zum Beispiel für die Aufnahme solcher Wissengebiete (Anforderungen), die in der ursprünglichen Auflistung nicht ausgewiesen sind.

Auch während dieser ersten Erhebungsphase soll die Führungskraft sämtliche abteilungsinternen Arbeitsplätze untereinander abgleichen (nach Art und Tiefe), sollte sich weiter darum bemühen, Gemeinsamkeiten auch wesensgleich auf den Arbeitsblättern erfaßt zu haben und sollte aufgetretene Unstimmigkeiten oder Abweichungen innerhalb der Abteilung bereinigen.

In einem nebengeleiteten Schritt muß die Führungskraft den Weg der Kommunikation über die Abteilungsgrenze hinaus einschlagen, und wenn in angrenzenden oder zum gleichen Funktionsbereich gehörenden Abteilungen vergleichbare Arbeitsplätze existieren, sollten auch die betreffenden SOLL-Profile die entsprechende Übereinstimmung aufweisen. Dieser bereinigende Vorgang minimiert die Gefahr von subjektiven Verzerrungen, andererseits muß eine derartige Nivellierung gleichgearteter Arbeitsplätze nicht zwingend erfolgen.

Die Führungskraft kann im Rahmen ihres Kompetenzbereichs bestimmte Abweichungen aus den Geschäftsvorgaben ableiten, die es ja zu erfüllen gilt und die nicht aus dem Auge verloren werden sollten.

Die somit entstandenen Profile müssen deshalb abschließend dahingehend überdacht werden, ob die verschiedenen Arbeitsplatzprofile auch den geschäftlichen Anforderungen an die jeweilige Abteilung genügen oder ob bestimmte Arbeitsplätze nachgebessert und mit SKILL-Erweiterungen belegt werden müssen.

Damit befinden wir uns bereits bei der abschließenden Konzeptualisierung der SOLL-Analyse, die die Stukturierung des abteilungsumfassenden SOLL-Profils zum Gegenstand hat und während der die verantwortungsvolle Führungskraft ihr nun vorliegendes Datenmaterial noch einmal dahingehend auseinanderdifferenziert, inwiefern das abteilungsspezifische SOLL-Profil mit den zukünftigen geschäftlichen Erwartungen im Einklang steht, wo die Anforderungen an die Arbeitsplätze noch ungenügend dokumentiert sind oder gar neue Planstellen kreiert werden müssen oder wo, wie erwähnt, relevante und doch vernachlässigte Wissensgebiete in das Kommentarblatt nachzutragen sind.

Mit dem Übergang zur IST-Analyse wird zum ersten Mal der Mitarbeiter in den Prozeß der SKILL-Planung einbezogen. Zur operationalen Erfassung des momentanen IST-Profils greift sich die Führungskraft das noch sollastige SKILL-Planungsblatt für einen Arbeitsplatz und bittet den dort beschäftigten Mitarbeiter zu einem vertraulichen Gespräch, in dessen Verlauf gemeinsam das gesamte IST-Profil (sprich die durch Ausbildung, Fortbildung und Erfahrungen in der Vergangenheit erworbenen Fähigkeiten des Mitarbeiters) erstellt wird.

In der laufenden Numerierung befinden wir uns bei *Schritt 2,* und es sollte bei diesem Punkt die dringende Empfehlung ausgesprochen werden, das IST-Potential losgelöst von den bereits erfaßten SOLL-Anforderungen auf dem Planungsblatt zu erstellen, da zum Beispiel eine Anlehnung beider Komponenten aneinander einen später durchgeführten Vergleich aushöhlen und weder den Arbeitsplatzerfordernissen noch dem Mitarbeiter einen Dienst erweisen würde.

Dieses Zwiegespräch zwischen Führungskraft und Mitarbeiter sollte tendenziell eine Auseinandersetzung zwischen zwei gleichberechtigten Partnern sein, kein hierarchisches „Verhör", dessen Resultat für die SKILL-Analyse fernab von Gut und Böse anzusiedeln wäre.

Dem Mitarbeiter muß hierbei eine eigenverantwortliche Rolle eingeräumt werden, er muß die Gelegenheit zur konstruktiven Auseinandersetzung mit seiner Person haben, und ihm sollte des weiteren auch ein konstruktives Veto auf das bereits existente SOLL-Profil eröffnet werden.

Während dieser Erhebungsphase tangieren sich ja mehrere Ebenen, die alle zur jeweils vollsten Zufriedenheit angesteuert werden müssen. Die erste wäre selbstverständlich der erfolgreich zu unterstützende Geschäftsprozeß, der als ein übergeordneter Gewinner aus der SKILL-Analyse hervorgehen muß. Genauso verhält es sich auf individuellem Niveau mit dem Mitarbeiter, dessen organisatorische Zukunft und Souveränität vorbereitet wird, und beide Anliegen treffen sich in der Person der Führungskraft, die deshalb ihr Amt mit sehr viel Fingerspitzengefühl auszuüben hat. Unfaires Verhalten ihrerseits, eine Benachteiligung ihrer Untergebenen oder gar ein Umfunktionieren des SKILL-Planers zu einer neuen Art von Druckmittel gegen die unterstellten Mitarbeiter käme der Einäscherung des ganzen Analysekonzeptes gleich, einer mißlichen Tölpelhaftigkeit, die bei einer verantwortungsvollen Handhabung des Instruments gar nicht auftauchen kann.

Es muß noch einmal darauf hingewiesen werden, daß die gesamte SKILL-Planung jedoch nur unter der Voraussetzung erfolgreich ist, daß sich die Führungskräfte auch verantwortlich zeigen, ihnen unterstellte Mitarbeiter als wichtigste betriebliche Ressource optimal einzusetzen, und wenn sie in der Lage sind, deren SKILL bezüglich augenblicklicher und zukünftiger Aufgaben richtig einzuschätzen. Denn nur mittels einer detaillierten und abgestuften Erfassung der Qualifikationsbreite und -tiefe können Defizite oder auch ruhende Potentiale herausgearbeitet und in erfolgversprechende Maßnahmen umgesetzt werden.

Der verschärfte Wettbewerb verlangt von den Unternehmen den Einsatz aller verfügbaren Ressourcen, und dies gilt nicht zuletzt für brachliegendes Wissen. Ebenso wie die unproduktive Lagerhaltung durch eine „just-in-time"-Produktion vermieden werden soll, damit Materialien und ähnliches nicht in einer uneffizienten Form das Unternehmen belasten, sollte mit penibler Genauigkeit das brachliegende Wissen minimiert werden, welches für ein Unternehmen die weitaus tragischere Ressourcenverschwendung darstellt – für eine konsequent durchgezogene SKILL-Planung noch eine der leichtesten Aufgaben !

Der SKILL-Planer, als Erhebungsinstrument, unterstützt die Führungskräfte bei der Planung ihres Aktionsfeldes (Abbildung 33, folgende Seite), verdeutlicht darüber hinaus dem Mitarbeiter, wo seine Schwachstellen liegen, welche persönlichen Anstrengungen er für die Bewältigung seiner zukünftigen Aufgaben unternehmen muß und wo seine Stärken für einen möglichen Karriereweg liegen. Ferner hat der Mitarbeiter eine dokumentierte Aussage über sein Detailwissen und seine Qualifikation in Breite und Tiefe, was besonders wichtig werden kann, wenn er sein Wissen nicht über ein Studium, sondern über eine jahrelange Berufserfahrung erworben hat.

Der Vollständigkeit halber muß an dieser Stelle erwähnt werden, daß die unternehmerische Praxis diesbezüglich weitgreifender agiert als in anderen personalspezifischen Bereichen, und vielerorts findet zwischen Führungskraft und Mitarbeiter ein sogenanntes Beratungs- und Förderungsgespräch (auch Beurteilungs-, Zielsetzungs- und Entwicklungsgespräch genannt) statt, um sich über die erbrachten Leistungen während des ablaufenden Geschäftsjahres und über die Arbeitsziele der kommenden Planungsperiode Klarheit zu verschaffen.

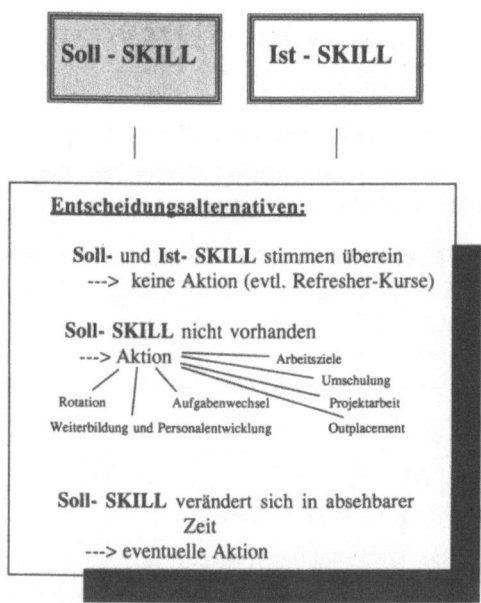

Abbildung 33: Führungskraft als Aktivposten

Dabei sollte das Gespräch in bezug auf eine Beurteilung folgende Aufgaben erfüllen:
- Dem Mitarbeiter die Möglichkeit zum Vergleich der Beurteilung mit seiner persönlichen Einschätzung bieten
- Dem Mitarbeiter die Gelegenheit einräumen, zu den Ergebnissen der Beurteilung Stellung zu beziehen
- Kritik und Ursachenforschung ungenügender Leistungen im Beurteilungszeitraum
- Anerkennung und Bestätigung guter Leistungen, Motivation des Mitarbeiters

Der Förderungsteil des Gespräches bemüht sich im wesentlichen um folgende Aspekte (vgl. Quiskamp 1989: 55):
- Erörterung der beruflichen Pläne und Ziele des Mitarbeiters
- Erörterung der Fähigkeiten und Fertigkeiten des Mitarbeiters
- Darauf aufbauende gemeinsame Erarbeitung neuer Arbeitsziele
- Abstimmung konkreter Förderungs- und Bildungsmaßnahmen und je nach Bedarf- die Aufstellung eines Entwicklungsplanes
- Förderung des Verständnisses für bestimmte Führungsmaßnahmen
- Aufzeigen von Entwicklungsperspektiven in der Organisation

Das Prinzip dieser Kommunikation und Kooperation erweist sich als durchaus tragfähig und bringt die richtigen Gedanken auf den Weg, jedoch zeigt die Erfahrung, daß derartige Gespräche oft nur um ihrer selbst Willen geführt werden, oftmals nicht den gewünschten Niederschlag im beruflichen Alltag finden und die eigentlich angestrebten Maßnahmen über das Jahr hinweg im Sande verlaufen.

Dies zu verhindern ist die Aufgabe des SKILL-Planers, der nicht in Konkurrenz zu den oben genannten Beurteilungs- und Fördergesprächen steht, sondern als weiterführender Bestandteil dieser Gespräche zu sehen ist. Die wesentlichen Vorteile, die wir hier etwas vorwegnehmen möchten, können folgendermaßen aufgelistet werden:

- Jährliche Festschreibung der zu erbringenden Qualifikations- oder Wissenssteigerung in einem Planungszeitraum von zwei Jahren
- Konkrete Förderungsplanung mit detaillierten Maßnahmen (dokumentiert und jederzeit abrufbar)

- Jährliche Beurteilung der Qualifikationssteigerung (Evaluation) ab dem ersten SKILL-Planungsjahr
- Konkrete Orientierung für den Mitarbeiter bezüglich personalentwicklerischer Schritte

Darüber hinaus liefert das Instrument für die Schulungsabteilungen wertvolle qualitative und quantitative Informationen für die rechtzeitige Ausarbeitung von anforderungsgerechten Kursangeboten. Nun stehen sich SOLL und IST in komparativer Form gegenüber, will sagen, Mitarbeiter und Führungskraft können in die Differenzanalyse (*Schritt 3* in Abbildung 32, Seite 91) eintreten, die hier im weiteren Verlauf unter dem Begriff „DELTA-Analyse" behandelt werden soll. Allein die Tatsache, daß mit dem SOLL-Profil die zukünftigen Anforderungen angesprochen werden, während die IST-Spalte auf die momentanen Fähigkeiten abzielt, entfernt den folgenden Dialog von dem Verdacht, nur die Schwächen des Mitarbeiters aufdecken zu wollen, sondern öffnet die beiderseitige Bereitschaft, die sich stellenden Erwartungen aktiv anzugehen.

Jedes Mitarbeiterprofil wird also dem entsprechenden SOLL-Profil gegenübergestellt, Mitarbeiter und Führungskraft diskutieren zusammen über die sich abzeichnenden „Deltas". Resultiert aus dieser ersten Ad-hoc-Analyse, daß ein Mitarbeiter innerhalb der Abteilung falsch eingesetzt ist und mit seinen Fertigkeiten einen anderen Arbeitsplatz in der gleichen Abteilung besser ausfüllt, besteht die Möglichkeit einer abteilungsinternen Umbesetzung in beiderseitigem Einverständnis, welche relativ „geräuscharm" und übergangslos vollzogen werden kann; weitere respektive andere Maßnahmen werden später noch zu behandeln sein.

Die Analyse vollzieht sich innerhalb einer Abteilung analog für alle Mitarbeiter und Arbeitsplätze, wodurch die Führungskraft einen Gesamtüberblick über den Qualifikationsstand innerhalb ihres Verantwortungsbereichs erhält und sich ein erstes Bild über das Ausmaß der qualifikatorischen Divergenzen machen kann. Auch an dieser Stelle sollte sinnigerweise ein Unterschritt in Betracht gezogen werden, der sich wiederum über die Abteilungsgrenze hinaus orientiert und der dafür angelegt ist, daß die Führungskraft ihre Ergebnisse und Erfahrungen wiederum mit anderen Abteilungen oder übergeordneten Organisationsebenen abstimmt.

Dieser Schritt dient, ähnlich wie der vorherige Zwischenschritt, lediglich einem Austausch unter den verantwortlichen Managern, denen die SKILL-Analyse in der Einführungsphase sicherlich vielfach wie ein „polnisches Dorf" anmutet, welches ganz aus der eingespielten Routine ausschert.

Deshalb erscheint es während der Implementierungszeit sinnvoll, die analytischen Unsicherheiten in einem Kreis „Betroffener" abzustimmen und subjektive Fehlerquellen möglichst frühzeitig abzustellen. Man kann ferner davon ausgehen, daß diese konsolidierenden Zwischenschritte nur in der Anfangsphase der SKILL-Planung von tatsächlicher Wichtigkeit sind und bei einem routinierten SKILL-Analytiker immer mehr in den Hintergrund treten.

Damit wären wir bei *Schritt 4* der SKILL-Planung angekommen und bereits an dem Punkt, wo sich Führungskraft und Mitarbeiter (wiederum in gemeinsamer Anstrengung) über detaillierte Maßnahmen zur „DELTA-Begrenzung" Gedanken machen müssen. Hier wurde weiter oben bereits die Maßnahme der Rotation angesprochen, wodurch verschiedene Mitarbeiter mit mehreren Arbeitsplatzanforderungen vertraut werden und dadurch ihr Wissensspektrum erheblich erweitern.

Denkbar sind aber auch andere Varianten wie Aufgabenwechsel, Projektarbeit, Weiterbildung und Personalentwicklung, Umschulung, um nur einige zu nennen.

Eine praktische SKILL-Erweiterung besonderer Art verbirgt sich hinter dem Begriff „Arbeitszielsetzung". Exemparisch nimmt sich dies etwa folgendermaßen aus: Eine Führungskraft erkennt aus dem SOLL-Profil, daß an einem bestimmten Arbeitsplatz in circa zwei Jahren wesentlich andere Fähigkeiten vonnöten sind, als diese vom derzeitigen Arbeitsplatzinhaber eingebracht werden. Mit einer Schulungsmaßnahme kann in diesem Fall die aufgetretene Differenz nur sehr unvollständig überbrückt werden, andererseits geht die Führungskraft davon aus, daß der betreffende Mitarbeiter die neuen Anforderungen durchaus bewältigen könnte, jedoch nur dann, wenn ihm Hilfestellung angeboten wird.

Aus diesem Grund entschließt sich der Abteilungsleiter, das Aufgabengebiet des Mitarbeiters zu verändern, so zum Beispiel durch zusätzliche Mitarbeit in einem Projekt und hiermit Stück für Stück hin zu den erwarteten Veränderungen. Der Mitarbeiter erreicht „on the job" ein Zwischenziel, erweitert seine Kompetenz bereits in die erforderliche Richtung und steigert sich somit über weitere Zwischenziele auf genau dieses Qualifikationsniveau, das aus der SKILL-Analyse resultiert. Kommen für die eine oder andere Seite alle angesprochenen Möglichkeiten nicht in Betracht, kann als durchaus konstruktive Alternative auch ein Arbeitswechsel zum Ausweg werden (Outplacement).

Definition des Weiterbildungsangebotes SKILL-Plus

In gesunden Unternehmen sollten die SKILL-Defizite mit Hilfe der strategischen Erfolgsfaktoren „Weiterbildung und Personalentwicklung" bereinigt werden können.

Die nächste „Aktions-Variante" greift deshalb direkt den Bereich der Weiterbildung auf, und wir führen in diesem letzten Schritt zum SKILL-Planer (Abbildung 34) ein ausgearbeitetes Schulungsangebot respektive

Definition des Weiterbildungsangebotes Skill-Plus

- Wissens- und Qualifikations-Katalog
- Skill-Planer
  - Wissens- und Qualifikationsbreite
  - Wissens- und Qualifikationstiefe
  - Skill-Planungs-Arbeitsblatt
  - Skill-Stufen
- Skill-Plus
  - Weiterbildungs-Angebot (Katalog)

Abbildung 34: Schritte zum SKILL-Planer und zum Weiterbildungsangebot

die „SKILL-Plus"-Broschüre ein, die eine Ergänzung zum SKILL-Planer darstellt und in jeweils einem Exemplar dem Mitarbeiter und der Führungskraft vorliegt. Beide sind nun wieder in kooperativer Form aufgefordert, aus dem SOLL-IST-Vergleich (sofern eine Schulung erwogen wird) die maßgeschneiderten Kursangebote herauszufiltern, die für die notwendige Fähigkeitserweiterung geeignet erscheinen und die eine deutliche Hinentwicklung zum erwarteten SOLL-Profil gewährleisten.

Da für den Angleich von IST und SOLL quasi ein Zeitvorsprung von zwei Jahren eingearbeitet ist, sollte das Weiterbildungspaket individuell auf den Probanden abgestimmt sein und sich schrittweise, jedoch zielstrebig, an die erforderliche SOLL-Vorgabe annähern.

Um Mitarbeiter und Führungskraft diese Aktionsplanung zu vereinfachen, sollte in der „SKILL-Plus"-Broschüre jedes Wissensgebiet im SKILL-Planer sein Schulungspendant finden. Zur Illustration dieses Verfahrens greifen wir noch einmal auf den „SKILL-Planer '90" der IBM Deutschland GmbH zurück und unterlegen hierzu die Abbildung 35, folgende Seite (in Analogie zu Abbildung 31, Seite 90), die in leicht abgewandelter Form direkt aus der Vorlage übernommen wurde. Zunächst einmal erhält man einen vereinfachten Überblick über Aufbau und Gliederung des Planungblattes mit fünf im nächsten Kapitel ausführlich beschriebenen Arbeitsfeldern und einem strukturierten Wissenskatalog (das SKILL-Planungsblatt der Produktion bei der IBM Werk Sindelfingen enthält 172 Ausprägungen), darüber hinaus befindet sich der SKILL-Planer jedoch bereits in Aktion mit einer beispielhaft vorgezeichneten Analyse, die auf folgender Situation basiert:

Anton Müller, unser Proband, soll per Vorgabe „team-leader" werden und in zwei Jahren ein Projekt betreuen. Die Führungskraft vergewissert sich durch Hinzunahme des Definitionsteiles im SKILL-Planer, welches SOLL-Profil die SKILL-Boards für eine solche Aufgabe vorgezeichnet haben. Daraus ergeben sich die in der Spalte „SOLL '93" aufgezeigten Wissensgebiete, die er auf das Planungsblatt übernimmt, und die entsprechende Wissenstiefe. Die Führungskraft kann zudem aus eigenem Ermessen dieses SOLL-Profil ergänzen. Hernach ist Anton Müller an der Reihe und wird von seinem Chef zu einem vertraulichen Gespräch in dessen Büro gebeten, darf sich diesem gegenüber auf einen gleichhohen Bürosessel setzen und sich seinem Planungsblatt zuwenden.

Anton Müller				
Beispiel-Abteilung		1 2 3 4 5 6 7		
	Soll '93	Ist '91	Ziele '92 '93	Aktion
Soziale Kompetenz				
• Kommunikation	3	1	2 3	S
• Arbeiten im Team	3	1	2 2	S, T
•				
•				
Methodische Kompetenz				
• Lerntechniken				
• Arbeitstechniken	2	2	2 2	–
• Projektmanagement	3	0	1 3	S
•				
•				
Fachliche Kompetenz				
• Datenverarbeitung				
• Statistische Prozeß-Steuerung	2	1	1 2	S
• Mathematik				
• Technologie				
•				
•				

Abbildung 35: Schritte zum SKILL-Planer – Beispiel Planungs-Arbeitsblatt

Gemeinsam wird nun Müllers IST-Profil zusammengestellt, doch fehlen ihm zum Projektleiter noch einige wesentliche Grundeigenschaften, obwohl es nicht ganz so schlecht aussieht und er sicherlich ausbaufähige Kompetenzen einbringt.

Da sowohl der Führungskraft als auch dem Mitarbeiter an einer Entwicklung gelegen ist, entschließen sich beide, dies durch einen Zweistufenplan in die Tat umzusetzen. Während der ersten Periode sollen beispielsweise die Kommunikationsfähigkeiten verbessert werden, die ja für einen Projektleiter von immenser Bedeutung sind. Da der Proband in seiner IST-Spalte nur eine 1 zu verbuchen hat, ihm aber später eine 3 abverlangt wird, entschließen sich beide, den SOLL-Wert stufenweise anzugehen und für das kommende Jahr zunächst einmal einen SKILL mit dem Wert

2 anzustreben, der dann im darauffolgenden Jahr noch einmal erweitert werden soll. Als Weg zu diesem Ziel erscheint der Führungskraft wie auch Herrn Müller eine Schulungsmaßnahme als Königsweg, weshalb in der Spalte „Aktion" der Schlüssel „S" vermerkt wird. Da ein vollständig ausgefülltes Planungsblatt der Schulungsabteilung zugeht, können dort die passenden Kurse und Termine an den Abteilungsleiter zurückgemeldet und Anton Müller rechtzeitig informiert werden.

Zusätzlich zur Schulung wird vereinbart, daß Müller in der Abteilung Präsentationen übernimmt, um das Erreichte weiter zu festigen, und beide (Mitarbeiter und Führungskraft) über die Fortschritte informiert sind, welche auch nach einem abgelaufenen Planungsjahr möglichst wirklichkeitsgetreu in den neuen SKILL-Planer aufgenommen werden müssen.

Der Gesamtaufbau des Instruments dürfte nun nichts Unbekanntes mehr sein, wir sollten in einer generalisierenden Form schließlich noch einmal unser Hauptaugenmerk auf die Wissensgebiete legen, zu denen sich in der „SKILL-Plus" Broschüre unter der gleichen Bezeichnung das dazugehörende Kursangebot findet. Das Verfahren ist denkbar einfach, Mitarbeiter und Führungskraft erkennen eine DELTA, kommen überein, daß dieser Zustand sowohl für den Mitarbeiter als auch im Geschäftsinteresse untragbar werden wird, entschließen sich zu der entsprechenden Weiterbildungsmaßnahme und übertragen hierfür lediglich den passenden Schlüssel „S" (oder besser gleich die entsprechende Kursnummer aus SKILL-Plus) in das Feld „Aktion" auf dem SKILL-Planungsblatt.

Bei der Auswertung ordnet die Schulungsabteilung diesem Aktionswunsch den passenden Kurs zu, der sich unkompliziert aus dem angegebenen Wissensgebiet samt der entsprechenden Wissenstiefe ergibt. Wie diese Aktionsfindung praktisch zustande kommt, ist schließlich anhand von Abbildung 36, folgende Seite, noch einmal nachvollziehbar. Wir haben bereits weiter oben angeregt, jedem Wissensgebiet aus analytischen Motiven eine Zahl zuzuordnen. In dem Beispiel findet sich unter der Bezeichnung 513 auf dem SKILL-Planungs-Arbeitsblatt die Variable „Individuelle Datenverarbeitung". Unter gleicher Bezeichnung enthält die SKILL-Plus-Broschüre, derer sich ja sowohl Mitarbeiter wie auch Führungskraft bedienen, jenen Kurs, der von der/dem Weiterbildungsverantwortlichen hierfür ausgewiesen wurde.

Abbildung 36: Beispiel für die Verzahnung von SKILL-Planer und SKILL-Plus

Da das Kursangebot bereits detaillierte Angaben zum Inhalt macht, können wiederum Führungskraft und Mitarbeiter zusammen entscheiden, ob die dort angebotenen Schwerpunkte ein ebenbürtiges Pendant zu den Defiziten darstellen, das heißt, ob tatsächlich der Schlüssel „S" im Aktionsfeld stehen soll oder nicht nach Alternativen zu suchen ist. Denn der DELTA-Ausgleich kann, muß aber nicht unbedingt Schulung bedeuten, und je nach Situation können folgende Schlüssel aufgenommen werden:

P ... Projektarbeit
R ... Rotation
T ... Training on the Job
E ... Externe Schulung

F ... Freizeitschulung
L ... Selbststudium
W ... Langzeitschulung
U ... Umschulung

Während des Dialogs zwischen Fürungskraft und Mitarbeiter und speziell wenn die Spalte „Aktion" zu bearbeiten ist, können sämtliche Lösungsvarianten durchdiskutiert werden, und um der Phantasie ein wenig nachzuhelfen, könnte folgender beispielhafter „Kuhhandel" geeignet sein.

Das Profil des Mitarbeiters weist nach intensiver Auseinandersetzung bei sieben tragenden Wissens- und Qualifikationsgebieten eine feststellbare Divergenz auf, die in den folgenden zwei Jahren ausgeglichen werden muß. Die Führungskraft ihrerseits erklärt sich bereit, für vier der vorhandenen Mängel eine Schulungsmaßnahme zu ermöglichen und den Mitarbeiter während der Arbeitszeit weiterbilden zu lassen. Für dieses Angebot erwartet er aber, daß der Mitarbeiter die verbleibenden drei Fähigkeitsschwachpunkte in Eigeninitiative angeht und durch persönliches Engagement den betrieblichen Erwartungen nachkommt. Damit machen beide Seiten einen Kompromiß, genauso wie auch alle Beteiligten Nutznießer dieses „Handels" sind.

In bezug auf die Maßnahme „Schulung" eröffnet die SKILL-Planung folgende Perspektiven: Da eine dritte Ausfertigung aller Planungsblätter der betrieblichen Schulungsabteilung zugestellt wird, können dort bei vollständigem Rücklauf die nachgefragten Kurse samt den entsprechenden Interna organisiert werden, während „unpopuläre" Angebote aus dem Programm genommen werden können. Das evolutionäre Novum dieser Situation besteht darin, daß mit Hilfe des Planungsinstrumentes ein Verfahren eingeführt wurde, das Weiterbildung zielgerichtet und planbar macht, und daß für bestimmte Schulungskurse genau die Mitarbeiter zugegen sind, die sich nach einem qualitativen Auswahlverfahren für genau diese Schulung empfohlen haben und die die Legitimation für ihre Qualifikationssteigerung direkt aus der Organisationsstrategie beziehen Doch sind die Vorteile des SKILL-Planers dadurch nicht erschöpft. Über den Rücklauf der SKILL-Planungsblätter lassen sich Qualifikationsdefizite quantifizieren, und es kann genau bestimmt werden, welcher Art die Defizite sind.

Zum ersten Mal wird eine nachfrageorientierte Weiterbildungsplanung möglich, die sich zudem auf die zukünftige Nachfrage berufen kann und sich genau den zeitlichen Vorsprung verschafft, der für die Planung und Organisation einer zukunftsorientierten Weiterbildung unverzichtbar ist.

Vom SKILL-Planer zum SKILL-Management

Mitarbeiterorientierung

Nachdem nun das Innenleben des Instruments „SKILL-Planer" wie auch die strategische Findung der SKILLs dargelegt ist und um nun diesen Teil der Darstellung abzurunden, gibt Abbildung 37 einen zusammenfassenden Gesamtüberblick. Von links beginnend findet sich die Auflistung der organisationsrelevanten Funktionseinheiten samt den jeweiligen Haupteinsatzgebieten, die für die Erfüllung der Geschäftsprozesse wesentlich sind und die in enger Abstimmung mit der Unternehmensstrategie stehen. Auf dieser elementaren Definitionsgrundlage kommt es zur Findung und

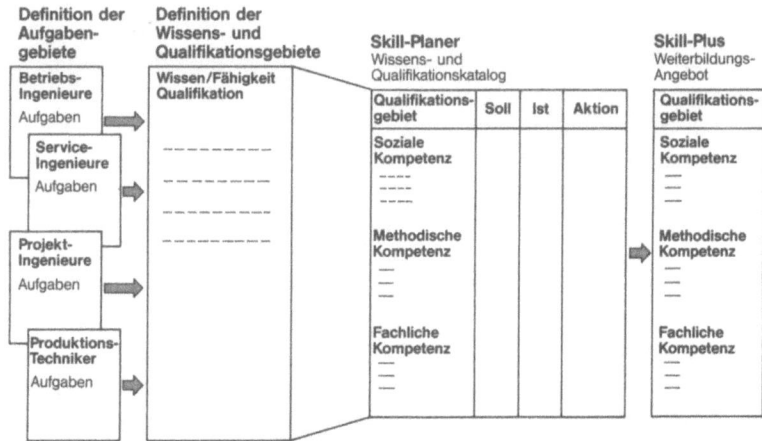

Abbildung 37: Schritte zum SKILL-Planer und SKILL-Plus im Überblick am Beispiel Produktion

Festschreibung eines spezifizierten Anforderungskataloges, welcher den ausbaufähigen Grundstock des SKILL-Planers darstellt und in dieser Form die bereits fortgeschrittene Arbeitsleistung der „SKILL-Boards" verkörpert.

Das somit entstandene Grobraster ist in diesem Stadium jedoch noch weit von dem angestrebten instrumentellen Charakter entfernt. Zur Aufgabenerfüllung und zur Bewältigung der vordefinierten Anforderungen sind eine nicht unerhebliche Anzahl von Kenntnissen, Fähigkeiten und Fertigkeiten erforderlich. Diese Fähigkeiten oder besser Wissens- und Qualifikationsgebiete abzuleiten und aufzulisten, wird zur abschließenden Herausforderung für die SKILL-Boards, jedoch handelt es sich mit der SKILL-Planung nicht um eine organisatorische Momentaufnahme, sondern darüber hinaus um eine Zukunftsplanung. Deshalb sollen in den SKILL-Katalog auch schwerpunktmäßig solche Wissensgebiete aufgenommen werden, die sich aus den absehbaren Entwicklungen in den kommenden zwei Jahren ableiten lassen.

Hiermit wird eine nicht einfache, jedoch bewältigbare Forderung erhoben, die durchaus von den SKILL-Boards erfüllt werden kann. Erfüllt jedoch nur dann, wenn zur Definition der Wissensgebiete auch die kompetenten Experten aus Praxis, Forschung und Wissenschaft, Technologie- und Marketingfachleute sowie praxiserfahrene Manager aller organisatorischen Ebenen herangezogen werden, das heißt solchen Personengruppen Gehör geschenkt wird, die tatsächlich über die nötige Weitsicht verfügen und Trends abzuschätzen vermögen.

Dieses dynamische Moment ist von eminenter Wichtigkeit für das gesamte SKILL-Management, weil die Mitarbeiterentwicklung ja zielgerichtet in die Zukunft strebt und nicht in der Gegenwart verweilt. Genau hier trennt sich das Konzept von Begriffen wie „Vergangenheitsbewältigung" und „Reaktivismus"; nur wenn die zukünftigen Wissensgebiete in den SKILL-Planer eingehen, kann überhaupt erst von Mitarbeiterentwicklung gesprochen werden, alles andere wäre wohl besser unter dem Stichwort „Personalanpassung" zu fassen und interessiert im weiteren Verlauf dieses Buches nur peripher.

Mit der vollständigen Definition der momentanen und zukünftigen Wissens- und Qualifikationskategorien ist die „Urform" des SKILL-Planers entstanden, die sich in die vorne beschriebenen Unterbereiche *sozial*, *methodisch* und *fachlich* untergliedern läßt. Zur Wahrung der Überschaubarkeit der sicherlich angeschwollenen Anzahl an Wissensausprägungen empfielt es sich, artverwandte Teilgebiete in Hauptgruppen zusammenzufassen, zudem sollte aus analytischer Notwendigkeit jedes Wissens- und Qualifikationsgebiet mit einer Kennzahl versehen und schließlich zu einer allumfassenden Tabelle formiert werden.

Um dem SKILL-Planer endlich seinen Instrumentcharakter zu verleihen, wird der tabellarisch aufgeführte SKILL-Katalog um fünf Spalten erweitert, die dann während der eigentlichen Erhebungsphase von den Führungskräften und Mitarbeitern erschlossen werden.

Die erste Spalte, ihrerseits mit SOLL und der Jahreszahl „heute plus zwei Jahre" überschrieben, bietet Raum für die Eintragung jenes Fähigkeitsumfanges (in Breite und Tiefe), welcher an dem jeweiligen Arbeitsplatz eingefordert wird, jedoch mit einer Schwerpunktlegung auf die in zwei Jahren erforderlichen SKILLs. Hierzu muß noch erwähnt werden, daß die Führungskraft, die wir ja als den eigentlichen Vollstrecker der SKILL-Planung ausgewiesen haben, an jedem ihr unterstellten Arbeitsplatz eine (zum Beispiel jährliche) SOLL-Erfassung durchführt und hierfür jeweils ein „SKILL-Planungsblatt" zur Verfügung hat.

Den Hauptpart bei der Festlegung und Bewertung spielt die Führungskraft, die in ihrem Zuständigkeitsbereich die Gesamtheit der Aufgabengebiete zu bestimmen weiß, die, determiniert durch einen erfolgreich zu unterstützenden Geschäftsprozeß, von ihrer Abteilung abgearbeitet werden müssen. Mit einer gewissen Penetranz müssen wir noch einmal darauf verweisen, daß die SOLL-Spalte nicht als Momentaufnahme verstanden wird. Die Führungskraft soll aus ihrer Sicht der Dinge all jene Wissens- und Fähigkeitsgebiete in das Planungsblatt aufnehmen, die in circa zwei Jahren diesem Arbeitsplatz abverlangt werden beziehungsweise mit denen dann der Arbeitsplatzinhaber ausgestattet sein muß.

Und hierfür bietet wiederum der Definitionsteil im SKILL-Planer Anregungen genug, da er jedem Aufgabengebiet die momentanen und zukünftigen Wissensgebiete zuweist. Die Führungskraft wird letztlich mit den neusten Erkenntnissen beliefert und kann ein SOLL-Profil erstellen, welches in totalem Einklang mit der Vorarbeit der SKILL-Boards steht und damit den zukünftigen Trend widerspiegelt. Im SOLL-Profil können sich aber auch personalentwicklerische Aspekte wiederfinden, die einem Mitarbeiter helfen, seinen Karriereweg zu finden. Dabei sollte eine höhere Geschäftsebene die Schlüsselkomponenten für die Entwicklung zur Führungskraft vorgeben und der betreuenden Führungskraft nur eine Richtlinienkompetenz zugestehen. Die Führungskraft wird also durch den SKILL-Planer sehr intensiv in den unternehmerischen SKILL-Management-Prozeß eingebunden, was letztendlich zu einem mitentscheidenden Erfolgsfaktor wird.

Da Menschen fehlbar sind, kann man diese Schwäche auch den Mitgliedern der SKILL-Boards zugestehen, die sich sicherlich um die Vollständigkeit des SKILL-Kataloges bemüht haben, aber dennoch an dem einen oder anderen Wissensgebiet vorbeigeblickt haben können. Wenn dem so ist und falls die Führungskraft bei der SOLL-Festlegung derartige Mängel entdeckt, bietet ein im Anhang befindliches Kommentarblatt genügend Raum für den entsprechenden Hinweis an die zuständigen Planungsstellen; die Kommunikation top-down oder bottom-up ist dadurch weiter optimiert.

Nachdem nun im SKILL-Planungsblatt das Ziel-SOLL-Profil für den zukünftigen Zeitpunkt t (t= Gegenwart plus zwei Jahre) an jedem Arbeitsplatz n aufgenommen wurde, steht die folgende Spalte zur Bearbeitung bereit. In dieser zweiten Spalte tragen Führungskraft und Mitarbeiter in gemeinsamer Anstrengung das momentane IST-Profil zusammen, und dabei muß

a) selbstverständlich jedes Arbeitsplatz-SOLL-Profil mit dem entsprechenden Arbeitsplatzinhaber zusammengebracht werden,

b) unabhängig von der SOLL-Vorgabe das IST-Profil des Mitarbeiters erstellt werden und

c) das IST-Profil nicht nur an der jetzigen Tätigkeit des Mitarbeiters aufgehängt werden, sondern sein gesamtes Wissensrepertoire aus Ausbildung, früheren Tätigkeiten, absolvierten Schulungsprogrammen und sonstigen Denkbarkeiten zur Beachtung kommen.

Der Mitarbeiter kann auch während dieses Dialogs mit seinem Vorgesetzten auf SOLL-Wissensgebiete verweisen, die seiner Meinung nach zu schwach oder gar nicht in dem vorliegenden SOLL-Profil berücksichtigt sind und die er auf Grund seiner praktischen Erfahrung und Weitsicht vielleicht sogar besser erkennt als die betreuende Führungskraft. Auch der Mitarbeiter kann darüber hinaus Ergänzungsvorschläge zur Diskussion stellen, die als dankbare Anregung auf dem Kommentarblatt vermerkt werden können.

Und wenn wir weiter oben von einer intakten Kommunikation bottom-up gesprochen haben, so können diese Ausführungen nur noch bestärkend wirken; als Nebeneffekt der SKILL-Analyse etabliert sich ein lebendiges Interaktionssystem zwischen bisher auseinanderdividierten Organisationsebenen.

Mit Abschluß dieser grundsätzlichen IST-SOLL-Erfassung stehen sich SOLL und IST in vergleichender Form gegenüber, jedoch handelt es sich andererseits um ziemlich differente Parameter. Das SOLL-Profil bietet einen Blick in die Zukunft, beschreibt auch die Anforderungen in zwei Jahren, während das IST-Diagramm dem gegenwärtigen Fähigkeitsstand des Mitarbeiters entspricht. Kein Wunder also, daß SOLL und IST in einer dynamischen Organisation naturgemäße Unterschiede aufweisen und auf Grund der instrumentellen Anlage nicht zwingend übereinstimmen müssen. Eben deshalb wird der zugrundegelegte Ansatz als Mitarbeiterentwicklung verstanden, hin zu einem erwarteten SOLL, das in dieser Form nur indirekt mit dem jeweiligen IST-Profil zu vergleichen ist.

Ein IST-SOLL-Defizit ist Bestandteil der Konzeption und logisches Resultat der Gegenüberstellung, zu dessen Ausgleich der SKILL-Planer geschaffen wurde. Als psychologisches Moment bei dieser Gegenüberstellung wirkt die Tatsache, daß zwischen der SOLL- und IST-Komponente ein „Zeitpuffer" von zwei Jahren eingelagert wurde. Jedwede Differenz wirkt für die betroffenen Mitarbeiter weniger destruktiv, sondern im Gegenteil motivierend, wenn ein Bereinigungszeitraum zur Verfügung steht, den es jedoch zu nutzen gilt.

Die Negativforderung, sprich die Erwartung, daß ein Mitarbeiter mit den in Zukunft erforderlichen Fähigkeiten bereits zum Erhebungstermin aufwarten sollte, wäre absurd und für alle Beteiligten äußerst deprimierend, ja sogar demoralisierend, was schwerlich Ziel eines Mitarbeiterentwicklungsprogramms sein kann.

Die teils im Dialog, teils separat entstandenen IST- und SOLL-Profile beinhalten grundsätzlich eine andere Intention und sind deshalb mehrgliedrig konzipiert:

- So ergibt sich aus dem SOLL-Profil nahezu von selbst das mittelfristig zu realisierende Qualifikationsziel an jedem organisationsrelevanten Arbeitsplatz, das sich über den Umweg „SKILL-Planer" explizit an der Organisationsstrategie orientiert.
- Weiter erbringt der IST-SOLL-Vergleich der Führungskraft die unweigerliche Erkenntnis, daß gerade sie die entscheidende Instanz zur Nivellierung etwaiger Disparitäten ist, daß von ihrem Schreibtisch aus ein nicht unwesentlicher Teil des zukünftigen Geschäftserfolges geplant und vorbereitet werden muß.
- Schließlich füllt sich auch für den Mitarbeiter die oftmals unsichere Zukunft mit Transparenz. Eine SOLL-IST-Differenz ist, wie bereits angedeutet, instrumentell angelegt und kein Anlaß für Selbstzweifel. Über das noch zwei Jahre entfernte SOLL-Profil erfährt der Mitarbeiter jedoch detailliert, wie sich zukünftig sein Arbeitsplatz verändert, welche Fähigkeiten an diesem in spätestens zwei Jahren eingefordert werden und darüber hinaus, wie sich sein Profil ändern muß, wenn der Mitarbeiter den Karriereweg einschlagen möchte. Durch die zusätzliche Kenntnis über sein momentanes IST liegt dem Mitarbeiter klar vor Augen, welche persönlichen Anstrengungen er zur stufenweisen Anpassung an das Ziel-SOLL unternehmen muß. Die Zukunft wird deshalb zwar nicht einfacher, bezüglich persönlicher Belange aber berechenbarer.

Unsicherheit am Arbeitsplatz und Angst vor der Zukunft werden ersetzt durch planbare Partizipation, durch die Möglichkeit, mittels persönlichem Einsatz und Engagement die Einheit zwischen Anforderung und Können längerfristig herzustellen und sich die persönliche Souveränität in einer komplexer werdenden Arbeitswelt zu erhalten.

Das Instrument „SKILL-Planer" eröffnet hierfür den Planungsspielraum durch zwei Ziel-Spalten, in die die Etappen eingetragen werden, die während des Angleichs von IST an SOLL vorgesehen sind. Muß beispielsweise ein Mitarbeiter in der Wissenskategorie x innerhalb der nächsten zwei bis drei Jahre zur Expertenreife vordringen, und seine momentanen Kenntnisse befinden sich auf einem eher allgemeinen Niveau, kann die Beseitigung dieser Differenz schrittweise vollzogen werden. Hierfür bilden die Ziel-Spalten den Rahmen und die Richtschnur im Anpassungsprozeß, an der sich die Führungskraft ausrichten kann und anhand derer sowohl Mitarbeiter wie auch Führungskraft die Stetigkeit der Entwicklung nachzuvollziehen vermögen. Eine mögliche Variante wäre beispielsweise bei einem Ziel-SOLL von 3 und einem IST-Stand von 0, den Mitarbeiter durch qualifizierende Maßnahmen während des laufenden Geschäftsjahres auf einen mittleren Kenntnisstand zu heben und in der darauffolgenden Planungsperiode durch weitere Maßnahmen zur Zielvorgabe aufzuschließen.

Damit dieser schrittweise Plan auch tatsächlich zur Anwendung kommt, bilden die dargelegten Ziel-Spalten die unentbehrliche Kontrollinstanz für Führungskraft und Mitarbeiter; der eine kann die gemachten Erfolge bei der nächsten SKILL-Planung in einem Jahr mit seiner Zielvorgabe vergleichen, der andere ist in der Lage, seinen „Werdegang" mitzuverfolgen und notwendige Qualifikationssteigerungen gegebenenfalls auch einzufordern. In dem Maße, wie zukünftige Anforderungen an Kontur gewinnen, steigert sich die persönliche Motivation des Mitarbeiters, dieses nun transparente Qualifikationsniveau zu erreichen und den Weg dorthin mit einem gesunden Maß an Eigeninitiative zu begehen respektive die erforderlichen Anstrengungen als seinen Schlüssel in die Zukunft zu begreifen.

Im Zusammenhang mit den Ziel-Vorgaben wurden im vorhergehenden Teil unterschiedliche mitarbeiterbezogene Maßnahmen angesprochen, die wir hier weiter ausführen möchten. Zur Einhegung der defizitären IST-SOLL-Lücke müssen zunächst Weiterbildungskurse, Lehrgänge und Workshops genannt werden.

In der Konzeption des SKILL-Planers findet sich hierfür die Spalte „Aktion" (Schulung, Rotation, „training on the job" etc.), mit deren Hilfe der verantwortliche Manager direkt den Prozeß der Weiterbildung einleiten kann. Entschließt sich beispielsweise die Führungskraft aufgrund einer defizitären IST-SOLL-Gegenüberstellung zu einer Schulungsmaßnahme für den betreffenden Mitarbeiter, kann er auf den vorgestellten Weiterbildungskatalog (SKILL-Plus) der innerbetrieblichen Schulungsabteilung zurückgreifen.

Diese Zusammenstellung des Weiterbildungsangebotes, die wir unter der Bezeichnung „SKILL-Plus" eingeführt haben, ist eine Ergänzung zum SKILL-Planer, die jeder Führungskraft und jedem Mitarbeiter zugeht. Diese doppelte Zuweisung hat vor allem den Effekt, daß sich auch der Mitarbeiter mit den Schulungsangeboten auseinandersetzten kann, denn letztendlich ist es ja er (oder natürlich auch sie), der (die) zukünftig die erwartete Qualifikation erbringen muß und deshalb über dieselbe Informationsbasis wie die Führungskraft verfügen sollte.

Im SKILL-Plus findet sich im Idealfall zu jedem ausgewiesenen Wissens- und Qualifikationsgebiet ein Kursangebot wie in Abbildung 36 vorgestellt, das bei Bedarf angesteuert und in der noch verbleibenden Aktions-Spalte der Abbildung 37 direkt vermerkt werden kann. Somit wäre der Kreis geschlossen, und die erstellten SKILL-Arbeitsblätter (ohne personenbezogene Daten) können der betrieblichen Weiterbildungsabteilung eingereicht und dort ausgewertet werden. Kleine Organisationen, in denen keine betriebsinterne Schulung in größerem Umfang möglich ist, können trotzdem dasselbe SKILL-Erhebungsverfahren verwenden, für Schulungsangebote (SKILL-Plus-Broschüre) müßte allerdings ein Rückgriff auf externe Anbieter erfolgen.

Mit der Einführung von SKILL-Plus als Zusammenstellung der Kursangebote könnte der Eindruck entstanden sein, daß sich die SKILL-Planung wieder nur auf bestehende Kursangebote stützt und somit gar kein Austausch zwischen ausführender und planender Ebene stattfindet. Und dies ist in der Tat beim ersten Durchlauf auch der Fall. Mit der Auswertung der Arbeitsblätter aus dem ersten SKILL-Planer wird sich aber sicherlich das Kursangebot modifizieren, für neu geforderte Aufgabengebiete können neue Kurse entwickelt werden, häufig eingeforderte Kurse können intensiviert werden, andere werden vielleicht obsolet. Damit ist auch in die Angebotsseite eine Dynamisierung und Anpassung eingearbeitet, die sich direkt aus der praktischen Nachfrage ergibt.

Die Auswertung der SKILL-Arbeitsblätter soll aber nicht nur Anhaltspunkte für die betriebliche Schulungsabteilung bergen, sie soll auch auf der den Abteilungen übergeordneten Ebene (Hauptabteilung, Bereich) einen Diskurs darüber entfachen, welche generellen Schwachpunkte ermittelt werden konnten und mit welchen Strategien dagegen vorgegangen wird.

Auch wenn mittels Weiterbildung ein großer Teil der qualifikatorischen Ungereimtheiten ausgeräumt werden kann, greift diese Lösung nicht zwingend und versagt bei bestimmten Situationen den gewünschten Erfolg. Manchmal hat zum Beispiel eine Rotation innerhalb einer Organisationseinheit einen weitaus positiveren Effekt auf die Qualifikation der Mitarbeiter. Vielfach bewährt hat sich auch die schrittweise Hinführung eines Mitarbeiters zum Ziel, so zum Beispiel über angestrebte Zwischenziele während der Arbeit.

Durch teilweise Aufgabenverlagerung und eine praktische Auseinandersetzung mit neuen Problemen wird der Qualifizierungsprozeß kontinuierlich eingeleitet und der Mitarbeiter an seine zukünftige Aufgabe oder seine geplante Karriere herangeführt.

Die Wege sind verschieden, während das Ziel gleich bleibt. Wichtig ist nur, daß dieser Planungsprozeß vonstatten geht, und hierfür wurden in den bisherigen Ausführungen mehr als nur Anregungen gemacht.

Schlußendlich befinden wir uns nun in dem geschlossenen System „SKILL-Planung", jedoch offen nach allen Seiten, bereit, Veränderungen der Umsysteme (siehe 1. Teil) aufzunehmen, in der Lage, das Kommunikationsdefizit zwischen verschiedenen Organisationsbereichen zu schließen und ausreichend informativ, daß es die oft beschriebene methodisch instrumentelle Lücke (vgl. Malcher 1990: 21 ff.) im Personalinformationsbereich schließt.

Materielle Quintessenz dieser deskriptiven Hinführung sind

- die Broschüre „SKILL-Planer" mit einer bestimmten Anzahl der bereits angesprochenen SKILL-Planungsblätter (entspricht den Erhebungsbögen des Instrumentes),
- eine Arbeitsanweisung für die Führungskraft,
- grundlegende definitorische Festlegungen (Definition der SKILL-Stufen; eine Festlegung der Aufgabengebiete und welche Wissensgebiete hierfür in zwei Jahren eingefordert werden) und
- parallel geschaltet ein Analyse- und Auswertungssystem, mit dessen Hilfe die zusammengetragenen Daten aufbereitet werden können,
- sowie die begleitende Kursangebotsbroschüre „SKILL-Plus".

Damit ist eine Infrastruktur und eine SKILL-Management-Kultur geschaffen, innerhalb derer die Führungskräfte und die Mitarbeiter zum aktiven, gestalterischen und vorausschauenden Teil im „Unternehmen der Zukunft" werden.

Unternehmensorientierung

Ein mitentscheidender Punkt unserer Bemühungen wurde bisher vernachlässigt. Obwohl wir den Wert der SKILL-Planung für die verschiedensten Bereiche und Zielgruppen klargelegt haben, fehlen jetzt noch jene Aussagen über die abgeleiteten Rückschlüsse, die von den höheren Unternehmensebenen aus dem Analyseprozeß gezogen werden können.

Hierzu unterlegen wir die leicht bizarr anmutende Abbildung 38, folgende Seite, und betrachten die dort aufgezeichneten Ergebniskurven aus gesamtunternehmerischer Perspektive. Die drei aufgenommenen Parameter subsummieren die Resultate aller im Umlauf befindlichen SKILL-Planungsblätter und geben somit Auskunft über die geplanten und momentanen Qualifikationen im Gesamtunternehmen.

Die Ausprägung „SOLL '93" zeigt jene Qualifikationsstruktur, die in zwei Jahren Realität sein muß, wenn die strategischen Vorgaben ernst gemeint sind und verwirklicht werden sollen. Die Kurve deutet gleichsam an, wo die zukünftigen Qualifikationsschwerpunkte anzusiedeln sind respektive welche Gebiete eine eher rückläufige Tendenz aufweisen. Daneben findet sich nun die Gesamtheit des tatsächlichen Qualifikationsbestandes, eben das vorhandene und derzeit erreichte „IST '91".

Diese stark vereinfachende Graphik veranschaulicht in ihrer Horizontalen die auftretenden Defizite zwischen dem Ziel in zwei Jahren und dem momentanen Potential, und es ist ebenso ersichtlich, daß beide Kurven stark unterschiedliche Strukturen aufweisen und vielfach weit auseinanderdriften. Punktuell ist auch festzustellen, daß zwischen dem SOLL '93 und dem IST '91 eine „positive" Divergenz verzeichnet werden kann, was zum Beispiel den analytischen Schluß erlaubt, daß jene unternehmensinternen Qualifikationen in Zukunft immer weniger benötigt werden und diese Kapazitäten umgelagert werden müssen. Schließlich bleiben wir noch eine Erklärung für die gestürzte „Alpensilhouette" mit der Bezeichnung „IST '93" schuldig, und hier bildet sich wiederum die

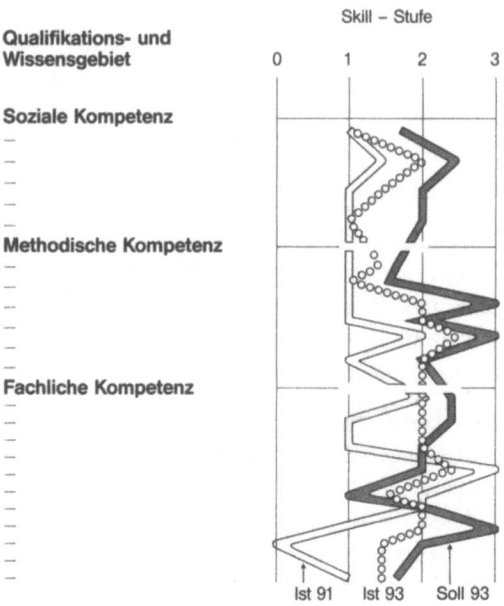

Abbildung 38: Qualifikationsanalyse für Gesamtunternehmen, Geschäftsbereich, Bereich, Hauptabteilung, Abteilung usw.

Gesamtheit der SKILL-Größen ab, die für jeden Mitarbeiter als Zielvorgabe vereinbart wurde, das heißt jene Maßnahmen, die von den Führungskräften zu einer anpassenden Qualifizierung angeregt wurden. Wenn der SKILL-Planungsprozeß konsequent durchgeführt wurde, müßte die Zielvorgabe bereits erhebliche Annäherungstendenzen an den SOLL-Wert erkennen lassen. Ein sehr interessanter Analyseaspekt, den wir aus Gründen der Überschaubarkeit, oder besser um einer Verstümmelung vorzubeugen, nicht in der Abbildung aufgenommen haben, wäre die Einbeziehung des tatsächlichen „IST '92" nach Ablauf eines SKILL-Planungsjahres. Diese Gegenüberstellung würde gleich zwei Details näher beleuchten, zum einen, ob sich die IST- und SOLL- Werte wirklich angleichen, und zum anderen erhält der Betrachter Auskunft über die Wirksamkeit der eingeleiteten Qualifizierungsmaßnahmen.

Die von ihrem Aussagegehalt etwas anders gelagerte Abbildung 39 greift direkt den quantitativen Ausstoß der SKILL-Planung auf. Das Exempel aus einem fiktiven Unternehmensbereich mit circa 2000 Mitarbeitern arbeitet mit themenspezifischen Auswertungsmodi und gibt den Bereichsverantwortlichen Auskunft über den Stand und die Entwicklungsperspektiven in jedem bereichsspezifischen Wissensgebiet und darüber, ob die vorgesehene SKILL-Erhöhung den bereichsinternen Notwendigkeiten gerecht wird. Diese Betrachtung und weitere denkbare Varianten stehen jeder Unternehmenseinheit zur Verfügung und sind ohne größere Zusatzanstrengungen von den jeweils Verantwortlichen durchführbar.

Qualifikations- und Wissensgebiet	Skill-Stufe											
	0			1			2			3		
	Ist '91	Ist '93	Soll '93	Ist '91	Ist '93	Soll '93	Ist '91	Ist '93	Soll '93	Ist '91	Ist '93	Soll '93
Soziale Kompetenz - - - -	235	121	102	786	850	869	1243	1193	1193	17	117	117
Methodische Kompetenz - - - -												
Fachliche Kompetenz - - - -												

Abbildung 39: Qualifikationsanalyse am Beispiel „Unternehmensbereich" für Gesamtunternehmen, Geschäftsbereich, Bereich, Hauptabteilung, Abteilung usw.

Exkurs

Die eben vorgenommene Gegenüberstellung lohnt sicher einige grundsätzliche Überlegungen zum Thema „Qualifikation, Qualifikationsgebiete, Qualifikationsdefizite". Wie oben ausgeführt, ermöglicht das Instrument einen detaillierten SOLL-IST-Vergleich für alle betriebsrelevanten Bereiche und alle involvierten Funktionsträger. Aus diesem Vergleich können nun bestimmte Aussagen gemacht werden, wie stark oder wie wenig SOLL und IST miteinander übereinstimmen. Die Möglichkeiten reichen von stark negativen Differenzen (das heißt ein viel zu geringes IST-Potential) über ein SOLL-IST-Patt bis hin zu einer stark positiven Differenz mit einer Vielzahl von Schattierungen zwischen den Extremen.

Ein kühler Rechner wird bei diesem Spektrum sicherlich die ausgeglichene SOLL-IST-Konstellation als Optimum ansehen und seine betrieblichen Maßnahmen daran ausrichten. Die etwas tiefsinnigere Betrachtung wird aber zu einem anderen Schluß führen. Wenn SOLL und IST übereinstimmen, bedeutet das, daß beispielsweise die betriebliche Entwicklung stagniert, daß keine neuen Technologien angewandt werden, daß der Betrieb nicht innovativ ausgerichtet ist. Das bedeutet, daß sich die Mitarbeiter deshalb nicht weiterentwickeln müssen, weil ihr Tätigkeitsfeld keinen Veränderungen obliegt. Man kann diesen Gedanken weiter verfolgen und sicherlich zu dem berechtigten Schluß kommen, daß ein solcher Betrieb über kurz oder lang den harten Konkurrenzbedingungen am Markt unterliegt, weil zu wenig Anpassungsanstrengungen unternommen worden sind.

Ein innovativer Betrieb muß zwangsläufig mit immer neuen negativen SOLL-IST-Differenzen (Deltas) rechnen und ist sogar darauf angewiesen, denn gerade sie sind der Indikator für Beweglichkeit, Leistungsbereitschaft und Innovationskraft. Sie weisen den Weg für die Mitarbeiterentwicklung, mit der das dynamische Umfeld bewältigt werden kann.

Sicherlich dürfen die Deltas nicht allzu groß sein, da sonst die Wettbewerbsfähigkeit ebenfalls in Frage gestellt werden muß, es gibt aber unzweifelhaft (wie wir es in Abbildung 40 angeregt haben) ein „optimales Delta", das zwar nicht allgemeingültig festgeschrieben, jedoch als glänzender Indikator für die Vitalität eines Unternehmens angesehen werden kann.

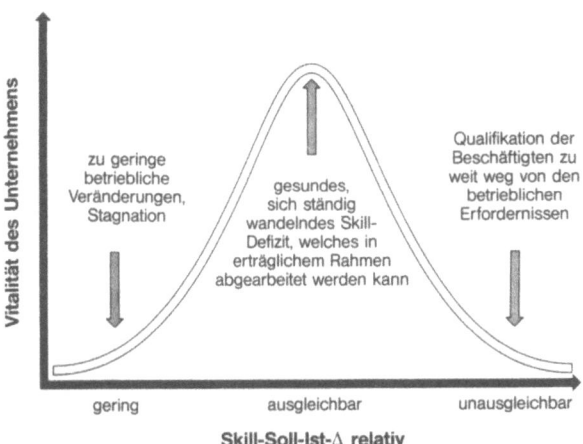

Abbildung 40: SKILL-Planer – Qualifikationsanalyse

In bezug auf die Rahmengröße „SKILL-Management" verkörpert der Analysegehalt des SKILL-Planers jenes Novum, welches sämtliche diesbezüglichen Teilkomponenten abdeckt.

Wir haben diese Aspekte in der abschließenden Abbildung 41, folgende Seite, aufgeführt und ermuntern den Leser, Station für Station durchzudenken und nach Lücken im Zusammenspiel „SKILL-Management – SKILL-Planer" zu suchen. Nach unserem Ermessen ist die Kombination mehr als schlüssig, es darf jedoch bei aller Euphorie nicht vergessen werden, daß eine Qualifikationsplanung nicht weiterhin dem Zufall überlassen werden kann und gezielt angesteuert werden muß.

Als mögliche Planungsvariante haben wir die Schaffung der Institution „SKILL-Board" genannt, Planungsstäben, die aus erfahrenen und bereits vorhandenen Beschäftigten zusammengesetzt werden und die die gesamte Rahmenverantwortung für das Projekt „SKILL-Planung" übernehmen. Der Prozeß erlaubt bei einer detaillierten und regelmäßigen SKILL-Erfassung folgende Ableitungen, die wir der Übersicht halber in einer

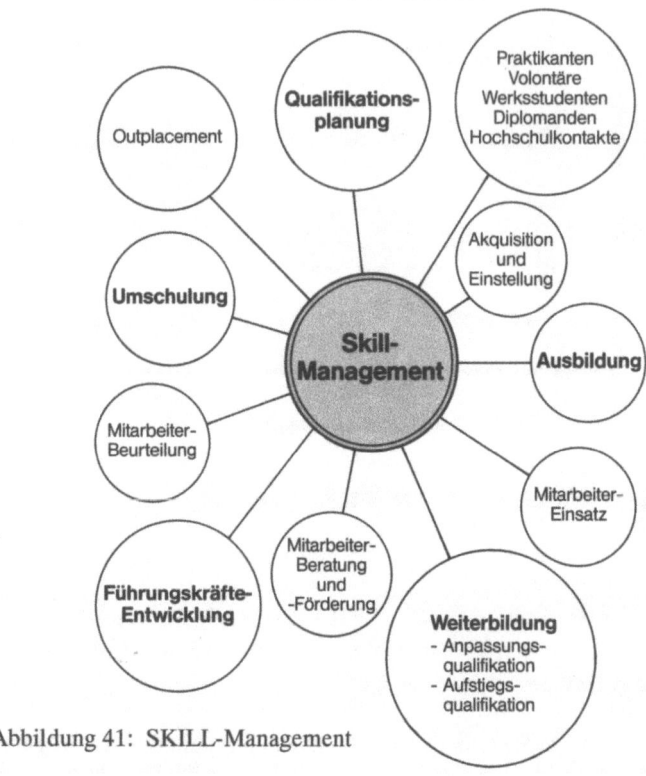

Abbildung 41: SKILL-Management

aufzählenden, jedoch nicht hierarchisch angeordneten Form wiedergeben möchten:

- Sind die Geschäfts- und Unternehmensziele bei den vorhandenen Mitarbeiterressourcen richtig gesetzt?
- Einstellungen: Welche SKILLs in welcher Anzahl sollen neu in die Unternehmung aufgenommen werden?
- Ausbildung: Welche Qualifikationen und Fächer werden benötigt? Welche Berufsbilder (Berufsakademie, Facharbeiter) sollen gefördert werden?

- Wie hoch muß der Weiterbildungsetat ausfallen, welche Investitionen werden erforderlich?
- Ist eine betriebsinterne Überqualifikation feststellbar, wenn ja, wie können diese ruhenden Kapazitäten ausgelastet werden?
- Ist mit dem herausgearbeiteten Gesamt-SKILL auch ein neues Geschäftsprojekt denkbar, welche SKILLs sind hierfür vonnöten, bei welchen Mitarbeitern sind diese SKILLs präsent, das heißt, welche Mitarbeiter könnten das neue Projekt betreuen?
- Können SKILL-Divergenzen im Unternehmen durch Verschiebungen innerhalb der Bereiche ausgeglichen werden? Dieser Vorteil resultiert aus einer gesonderten Analysemöglichkeit auf allen hierarchischen Ebenen.
- Eine zweijährige Planungsgrundlage macht die Verabschiedung einer fünfjährigen Strategie realistischer und beläßt sie nicht auf dem Aussagegchalt einer Wettervorhersage!
- Mit dem SKILL-Planer wird ein Abgleich zwischen Investitionsgütern und Qualifikationen realistischer!
- **Stichworte: Vorruhestand, Outplacement, Teilzeitarbeit!**
- Systematische Erfassung des Führungskräftenachwuchses über die sozialen und methodischen Kompetenzgewichtungen; damit läßt sich auch die Frage beantworten, ob die Unternehmung genügend kompetente Nachwuchskräfte aufzuweisen hat und/oder inwiefern diese noch weiterentwickelt werden müssen.
- Mit dem SKILL-Planer entwickelt sich bei allen Beteiligten ein Bewußtsein für die geschäftlichen Belange und über die eigentlichen Geschäftsprozesse!

5. Schlußbemerkung

Im Verlauf dieser Darstellung haben wir auf die wesentlichen Aspekte eines erfolgreichen SKILL-Managements abgehoben und hingearbeitet, haben ferner jene Zielgrößen definiert, die über dieses Konzept angesteuert werden können und haben schließlich nicht nur mit rhetorischen Nuancen das feine Netz der Leistungskriterien innerhalb des SKILL-Management-Prozesses gesponnen, sondern vielmehr für die vielfältigen Forderungen ein personalbezogenes Analyse- und Planungsinstrument konzipiert.

Wir gehen explizit davon aus, daß die gestellten Erwartungen an die Mitarbeiter eines Unternehmens definierbar sind, genauso wie auch die Planung und Steuerung von Qualifikationen „ein Ding von dieser Welt" und somit managebar sind.

SKILL-Management wird dann zu einer relevanten Größe im Unternehmen, wenn der von uns vorgezeichnete Weg beschritten wird, das heißt, wenn die Realisierungshierarchie top-down ausgerichtet wird. Aus dem für die Zukunft abgestimmten Geschäftsprozeß stellt sich mit Hilfe strategischer Vorgaben der überlebensnotwendige Erfolg ein, und dieses Erfolgsstreben setzt Anforderungsfixpunkte, definiert die Wissenpotentiale in einer modernen Unternehmung.

Dies zu definieren und auszuformulieren verkörpert einen ersten Schritt in Richtung SKILL-Management, die praktische Planung und Umsetzung einen zweiten. Das Instrument „SKILL-Planer" leistet seinen Beitrag in der Findung des tatsächlichen Qualifikationsbestandes plus des zukünftigen Qualifikationsbedarfes in einer Organisation und erlaubt der obersten Planungsebene jährliche Rückschlüsse, ob zum Beispiel die vorliegende Unternehmensstrategie mit den vorhandenen Mitarbeiterpotentialen tatsächlich durchgeführt werden kann.

Der Informationsgehalt einer Jetzt-Analyse würde sich demgegenüber nur an einer Momentaufnahme orientieren und Handlungsschritte kaum über die Ebene des Reagierens hinausheben. SKILL-Management verdient diesen Namen jedoch erst dann, wenn die Gegenwart überwunden wird und sich das „Management von Fähigkeiten" mit Perspektiven vertraut macht. Der SKILL-Planer eröffnet diese Möglichkeit, seine Konzeption operiert auf der Anforderungsseite mit einem Zeitfaktor (und zugleich Zeitpuffer) von mindestens zwei Jahren und müht sich nicht mehr mit dem fast schon unsäglichen Begriff „Vergangenheitsbewältigung" ab, der bislang jedweder strategischen Weitsicht entbehrte.

Sobald ein Unternehmen über Zukunftsfakten verfügt, haben die internen Stäbe auch Gelegenheit, die Weichen auf diese Schiene zu stellen. Sobald in den Chefetagen nicht nur Prognosen, sondern Daten verfügbar sind, kann an ein realistisches SKILL-Management gedacht werden. Für die unteren Organisationsebenen haben wir Möglichkeiten zur SKILL-Anpassung aufgezeigt, haben Komponenten wie Rotation, learning in/on the job oder Schulungskurse angesprochen, die allesamt Teil des SKILL-Managements sind. Mit harten Daten über ein Qualifikationsdelta, welches in circa zwei Jahren das Unternehmen „heimsucht" und den Erfolg belastet, können jedoch zusätzliche Rückschlüsse auf andere Personalinterna gezogen werden. Möglicherweise ergibt diese Analyse, daß die vorgegebene Strategie mit den vorhandenen Mitarbeiterpotentialen gar nicht durchgezogen werden kann und nach Alternativkonzepten verlangt.

Wenn Derartiges rechtzeitig erkannt wird, müssen nicht die Jahre ins Land ziehen, bis sich schließlich der Mißerfolg und die dazugehörenden Negativbilanzen irreparabel in der Unternehmensstruktur festgesetzt haben.

Ein konsequent durchgezogenes SKILL-Management bietet eine realistische Erfolgsbeurteilung und -realisierung, zumal wir von der Prämisse ausgehen, daß der geschäftliche Erfolg in wesentlichem Maße von der Qualifikation der Mitarbeiter abhängig ist.

Eine dynamisch ausgerichtete Datenbasis setzt Rahmenbedingungen und verkörpert ein internes Frühwarnsystem, welches

- rückwirkend auf die Unternehmensziele einzuwirken vermag und mögliche Strategiealternativen rechtzeitig ins Spiel bringt,
- Aus- und Weiterbildungsnotwendigkeiten aufzeigt,
- gezielte Eingriffe in die Einstellpolitik eines Unternehmens erlaubt, denn mit dem Wissen um einen Qualifikationsbedarf in zwei Jahren

können genau diese Fähigkeiten auf dem Arbeitsmarkt eingekauft werden, die sich tatächlich aus den Anforderungen ergeben. Der laufenden Praxis kann man beim momentanen Stand der Dinge sicherlich unterstellen, daß auch Neurekrutierungen nicht zwingend in Übereinstimmung mit tatsächlichen Trends getätigt werden, sondern Ergebnis subjektiver Einzelentscheindungen sind;

- auch zu einer koordinierteren Ausstellpolitik verhilft, die in einer konzipierten Form sicherlich weniger an soziale Härte grenzt, als dies bei einem Ad-hoc-Management oft der Fall ist, und wo wegen vernachlässigter Planung und Weitsicht der existentielle Erdrutsch einer ganzen Organisation vorprogrammiert ist. Ausstellpolitik muß auch nicht immer negativ besetzt sein, das heißt Schicksale produzieren und die soziale Existenz von Mitarbeitern gefährden. Diese rigorosen Maßnahmen sind unzeitgemäß und auch seitens der Organisation phantasielos. Hier sind Varianten denkbar, und teilweise wartet die Praxis bereits mit interessanten Projekten auf. Unternehmen können Mitarbeitern, deren eigentliche Qualifikation in absehbarer Zeit fernab von den Anforderungen anzusiedeln ist, Unterstützung anbieten und zum Beispiel über Fachvermittlungen dem Mitarbeiter zu einem für ihn maßgeschneiderten Job verhelfen. Ein so vorbereiteter Wechsel ist letztendlich in gegenseitigem Interesse und rührt in keiner Weise an den Fähigkeiten der betreffenden Person. Ein innovatives Umfeld kann trotz aller Dynamik auf Opfer verzichten, nicht aber auf Bewegung, und so sollten sich auch die Mitarbeiter in einer modernen Organisation mit einer persönlichen Mobilität anfreunden, die allen Beteiligten die Perspektive erweitern hilft.

Bester Hoffnung, daß es uns gelungen ist, die richtige Personengruppe zu erreichen und diese von der Unverzichtbarkeit vorgestellter Anstrengungen überzeugt zu haben, hinterlegen wir im Anhang eine „Checkliste" zum SKILL-Planer. In dieser sind verschiedene Unwegsamkeiten und Besonderheiten aufgezeigt, die zwar nicht instrumentimmanent anzusiedeln, jedoch als Rahmenbedingungen nicht zu vernachlässigen sind.

Als Orientierungshilfe sind einige pragmatische Herangehensweisen vorgezeichnet, prinzipiell sind jedoch die angesprochenen Komponenten sehr spezifisch beantwortbar und sollten auch als solche behandelt werden.

Noch ein Wort zur Datenerfassung und -aufbereitung, für die wir im Verlauf dieser Darstellung ausschließlich papierbelassene Planungsblätter vorgestellt haben und uns in diesem Punkt wider Gewohnheit in das Lager der Traditionalisten wagen. Die Erklärung für unsere Herangehensweise bleibt jedoch stringent zu den gemachten Ausführungen und leitet sich von dem Gedanken ab, daß die Kommunikation zwischen Führungskraft und Mitarbeiter (und damit die Tiefe der Auseinandersetzung über SKILLs) intensiver und sozial motivierter verläuft, wenn die Diskussionsgrundlage materiell vorhanden ist. Nichts spricht dabei gegen eine maschinelle Weiterverarbeitung, und die auswahlrelevanten Daten können später sehr einfach in ein entsprechendes Datenbanksystem transferiert werden.

Durchaus vorstellbar ist aber auch eine direkte On-Line-Eingabe, die zusätzlich mit einem abgestimmten Expertensystem und daran angeschlossenen Aktionshilfen kombiniert werden kann. Denkbar wäre beispielsweise, daß nach Eingabe des Aktionsvorhabens „Schulung" sämtliche in Frage kommenden Schulungsangebote inklusive Termin auf dem Bildschirm erscheinen, Führungskraft und Mitarbeiter den favorisierten Kurs wiederum direkt ansteuern, spontan mit allen relevanten Daten (Ort, Zeit, Dauer, ...) versorgt werden und im gleichen Atemzug die Kursbuchung durchzuführen in der Lage sind. Beide Varianten sind denkbar, und wir haben die Gründe für den von uns vorgeschlagenen Pfad genannt. Unberührt von der Tendenz der Entscheidung und den gesetzten Prioritäten, das heißt unabhängig von der Art der Erfassung muß jedoch jeglicher Datenmißbrauch ausgeschlossen werden.

Als weiterer Denkanstoß findet sich im Anlageteil ein Auszug aus dem Tarifvertrag der Metallindustrie Nordwürttemberg/Nordbaden von 1988, der speziell in § 2 und § 3 auf die Qualifikation der Beschäftigten eingeht. Darin heißt es unter anderem in dem Unterparagraph 3.1.: „Um die Beschäftigten rechtzeitig auf aktuelle und zukünftige Anforderungen, die sich aus technischen und organisatorischen Veränderungen ergeben haben oder zukünftig ergeben werden, zu qualifizieren, ermittelt der Arbeitgeber den jeweiligen Bedarf an Qualifikationen". Im Prinzip genau unser Thema, das erstmals 1988 tarifliche Relevanz erfuhr und als Erfolg der IG Metall und des Verhandlungsgeschickes ihrer Unterhändler gewertet wurde. Ohne hier weiter auf Gewerkschaftsarbeit einzugehen, beinhaltet diese Erfolgszuweisung in sich ein Paradoxon. Tariflich festgelegte Mitarbeiterqualifikation als einen gewerkschaftlichen Durchbruch auf Verhandlungsebene zu interpretieren ist eine Neuerung, die sämtliche Logik in ihr Gegenteil verkehrt.

Natürlich kann sich eine Industriegewerkschaft dieses Thema auf die Fahnen schreiben, doch handelt es sich hier überhaupt um einen Themenkomplex, der Gegenstand von gewerkschaftlichen Forderungen und Tarifverhandlungen sein sollte? Handelt es sich hierbei nicht um eine fortbestehende Ignoranz von Unternehmensseite, und ist es nicht gleichzeitig Ausdruck des geringen Stellenwertes, den heutige Unternehmer und Gesellschafter noch immer ihren Mitarbeitern zugestehen? Auf alle Fälle haben wir hier einen mehr als traurigen Zustand vor Augen, eine Umkehrung der Entwicklungen und Notwendigkeiten in der modernen Arbeits- und Betriebswelt, in der die Qualifikation der Mitarbeiter seltsamerweise von gewerkschaftlicher Seite eingefordert werden muß.

Andererseits ist das gewerkschaftliche Bemühen im Qualifikationssektor oft äußerst eindimensional ausgerichtet und überspringt in den seltensten Fällen den monetären Aspekt weiterbildender Maßnahmen. Wir haben ausführlich dargelegt, daß ein ganzheitlich geschulter Mitarbeiter mit allem ausgestattet ist, was lebenslanges Lernen einfordert und was dieser Mitarbeiter zu einer dauerhaften Partizipation im Berufsleben braucht. Das System wäre sowohl auf Unternehmer- wie auf Arbeitnehmerseite gesperrt, wenn die beiderseitigen Bezugspunkte nur auf Lohnfragen basieren, beide Positionen würden dann am eigentlichen Kern der Sache vorbeigleiten. Eine über das SKILL-Management eingeleitete Bildungsmaßnahme kann nicht bedeuten, daß beispielsweise der Mitarbeiter nach zehnjähriger geistiger Enthaltsamkeit durch eine für ihn qualvolle Fünftagesschulung geschleust wird und mit einer fünfprozentigen Gehaltserhöhung zu rechnen hat.

Qualifizierungsmaßnahmen bedeuten sinnvollerweise einen gemeinsamen Weg von Unternehmern, die auf einen langfristig gesicherten Erfolg angewiesen sind, und Mitarbeitern, die nach einem axiomatischen Prinzip ihre Arbeitskraft erhalten müssen. Ein gemeinsamer Weg entspricht auch nicht dem Begriffspaar „Leistungserwartung – Leistungserbringung", sondern thematisiert eine partnerschaftliche Lösung, bei der das Unternehmen über den SKILL-Planer vorzeigt, welche Anstrengung ein

Mitarbeiter unternehmen muß, um seiner Aufgabe auch in Zukunft gerecht zu werden, oder welches Engagement noch aufzuwenden ist, um den erstrebten Karriereweg zu durchwandern. Der Mitarbeiter seinerseits muß die Gelegenheit nutzen und seine Bereitschaft und Motivation in die Waagschale werfen und eigenverantwortlich seine berufliche Zukunft stabilisieren.

Sehen wir für den Moment von jenen Mitarbeitern ab, denen die SKILL-Planung ihre Karriere gestalten hilft, dann muß für alle anderen mit eindringlichem Ernst die ernüchternde Tatsache vor Augen geführt werden, daß qualifikatorische Abstinenz zu einer beruflichen Sackgasse wird. Während unser Sprachverständnis den Begriff der Invalidität sehr stark auf körperliche Gebrechen reduziert, wird sich die Assoziationsfähigkeit zwangsläufig auf Mängel bei Fähigkeiten oder Qualifikationen erweitern und eine neuerliche Zivilisationskrankheit, wenn nicht umgehend, gemeinsam und losgelöst von materiellen Diskussionen der SKILL-Management-Prozeß auf den Weg gebracht wird.

Wir hoffen, ja sind uns sogar bewußt, daß diese Ausarbeitung die Stufe eines reinen Diskussionsbeitrages hinter sich gelassen hat und eine konkrete Herangehensweise an eine schwierige Zukunft aufzeigt. An die Verantwortungsträger unter den Lesern gewandt, erlauben wir uns abrundend festzulegen, und hier wollen wir in der nun schon zur Gewohnheit gewordenen Terminologie bleiben, daß Sie am Ende dieser Lektüre in bezug auf das Wissens- und Qualifikationsgebiet „SKILL-Management" mit einer SKILL-Stufe „2" aufwarten können, und wenn Sie dieses Konzept in Ihrem Zuständigkeitsbereich eingeführt haben, Sie mit Expertenreife oder der SKILL-Stufe „3" beschlagen sind.

Literaturverzeichnis

AREGGER, K. : Innovation in sozialen Systemen, 2 Bände, Bern 1976.

CORSTEN, HANS: Überlegungen zu einem Innovationsmanagement, in: Corsten, Hans (Hrsg.): Die Gestaltung von Innovationsprozessen, Berlin 1989, Seite 1–56.

DINCHER, ROLAND / EHREISER, HANS-JÖRG / NICK, FRANZ R.: Die Bedeutung des Arbeitsmarktes für die betriebliche Personalpolitik, in: Weber, Wolfgang / Weinmann, Joachim (Hrsg.): Strategisches Personalmanagement, Stuttgart 1989, Seite 65–96.

DRUMM, HANS JÜRGEN: Unternehmerische Arbeitsmarktforschung, in: Bolte, Karl Martin / Buttler, Friedrich / Ellinger, Theodor u. a. (Hrsg.): Mitteilungen aus der Arbeitsmarkt und Berufsforschung, Heft 3, 22. Jahrgang, Nürnberg 1989, Seite 348–354.

DRUMM, HANS JÜRGEN: Personalwirtschaftslehre, Berlin, Heidelberg, 1989b.

FAIX, WERNER G. / HOFMANN, LOTHAR / BUCHWALD, CHRISTA / WETZLER, RAINER: Der Mitarbeiter in der Fabrik der Zukunft – Qualifikation und Weiterbildung, Beiträge zur Gesellschafts- und Bildungspolitik, hrsg. vom Institut der deutschen Wirtschaft, Heft 143, Köln 1989a.

FAIX, WERNER G. / LAIER, ANGELIKA: Soziale Kompetenz, Beiträge zur Gesellschafts- und Bildungspolitik, hrsg. vom Institut der deutschen Wirtschaft, Heft 151, Köln 1989b.

FAIX, WERNER G. / BUCHWALD, CHRISTA / LAIER, ANGELIKA: Die technische Führungskraft in der Produktion, in: Mikroelektronik, Band 3, Heft 5, Berlin, Offenbach 1989c, Seite 228–231.

FRAUNHOFER-INSTITUT FÜR ARBEITSWIRTSCHAFT UND ORGANISATION (Hrsg.): Innovation und Qualifikation, 1. Fachtagung: Mikroelektronik und berufliche Bildung, Stuttgart 1987.

GÖBEL, UWE / SCHLAFFKE, WINFRIED (Hrsg.): Die Zukunftsformel, Köln 1987.

GUSSMANN, BERND: Innovationsfördernde Unternehmenskultur, Berlin 1988.

HAEFS, HANSWILHELM (Hrsg.): Der Fischer Weltalmanach '90, Frankfurt am Main, November 1989.

HARTFIEL, GÜNTER: Wörterbuch der Soziologie, 2. Auflage, Stuttgart 1976.

HEINZE, CLAUS DIETER: Systematische Ausbildungsplanung für die Fabrik der Zukunft, in: CIM-Management, Heft 1, 1988a, Seite 17–20.

HEINZE, CLAUS DIETER: Systematische Ausbildungsplanung für die Fabrik der Zukunft, 2.Teil, in: CIM-Management, Heft 4, 1988b, Seite 40–43.

HIMMELREICH, FRITZ-HEINZ: Arbeitsmarktanalyse, in: Strutz, Hans (Hrsg.): Handbuch Personalmarketing, Wiesbaden 1989, Seite 25–37.

HÖLTERHOF, HERBERT: Betriebliche Aus- und Weiterbildung, in: Strutz, Hans (Hrsg.): Handbuch Marketing, Wiesbaden 1989, Seite 592ff.

KERN, HORST / SCHUMANN, MICHAEL: Das Ende der Arbeitsteilung? Rationalisierung in der industriellen Produktion, München 1984.

LAY, GUNTHER: Neue Produktionstechnologien und ihre Einflüsse auf das strategische Personalmanagement, in: Weber, Wolfgang / Weinmann, Joachim (Hrsg.): Strategisches Personalmanagement, Stuttgart 1989, Seite 98–110.

LING, BERNHARD: Zusammenhänge zwischen strategischer Personalplanung und Unternehmensstrategie aus der Sicht des Personalwesens, in: Weber, Wolfgang / Weinmann, Joachim (Hrsg.): Strategisches Personalmanagement, Stuttgart 1989, Seite 50–62.

LECHER, WOLFGANG / WELSCH, JOHANN: Japan – Mythos und Wirklichkeit, Köln 1983.

LENTES, HANS-PETER: Die Fabrik der Zukunft, in: Schriftenreihe des Verbandes der Metallindustrie, Stuttgart 1986.

MALCHER, WILFRIED: Ermittlung des Qualifikationsbedarfs, in: Schlaffke, Winfried / Weiß, Reinhold (Hrsg.): Tendenzen betrieblicher Weiterbildung, Köln 1990, Seite 20–35.

MATSUBARA, HISAKO: Japan – Die nie endende Herausforderung, in: gdi impuls Heft 4, 1989, Seite 47–55.

MÜLDNER, WILHELM / WALDSCHÜTZ, SIEGFRIED: Checklisten zur Personalplanung, in: Seibt, Dietrich / Müldner, Wilhelm (Hrsg.): Methoden und computergestütze Personalplanung, Köln 1986, Seite 263–284.

QUISKAMP, DIETER: Möglichkeiten der Personalentwicklung in der alltäglichen Führungspraxis von Vorgesetzten, Pfaffenweiler 1989.

REUSS, FOLKER / FAIX, WERNER G. / HOFMANN, LOTHAR: CIM – Weiterbildung für das Unternehmen 2000, Berlin 1988.

RIEKHOF, HANS-CHRISTIAN (Hrsg.): Strategien der Personalentwicklung, Wiesbaden 1986.

SCHEER, AUGUST-WILHELM: CIM: Der computergesteuerte Industriebetrieb, Berlin, Heidelberg, New York u. a. 1987.

SCHEIN, EDGAR, H.: Organizational Psychology, New Jersey: Prentice-Hall 1980.

SCHEPANSKI, NORBERT: Mikroelektronik und Facharbeiterqualifikation, Berlin 1986.

SCHUMPETER, JOSEPH A.: Business Cycles, New York, London 1939.

SEMLINGER, KLAUS: Vorausschauende Personalwirtschaft – Betriebliche Verbreitung und infrastrukturelle Ausstattung, in : Mitteilungen aus der Arbeitsmarkt- und Berufsforschung, Heft 3, Jg.22, 1989, Seite 336–347.

STAUDT, ERICH (Hrsg.): Das Management von Innovationen, Frankfurt 1986.

STAUDT, ERICH / REHBEIN, MONIKA: Innovation durch Qualifikation, Frankfurt am Main 1988.

STAUDT, ERICH: Unternehmensplanung und Personalentwicklung – Defizite, Widersprüche und Lösungsansätze, in: Mitteilungen aus der Arbeitsmarkt- und Berufsforschung, Heft 3, Jg.22, 1989, Seite 374–387.

TAYLOR, FREDERICK WINSLOW: On the Art of Cutting Metals, ASME, New York 1906.

TAYLOR, FREDERICK WINSLOW: Die Grundsätze der wissenschaftlichen Betriebsführung, München, Berlin 1919.

ULICH, EBERHARD / BAITSCH, CHRISTOF / ALIOTH, ANDREAS: Führung und Organisation, in: Die Orientierung, Heft 81, 2. ergänzte Auflage, Bern 1987.

ULICH, EBERHARD: Arbeitsform mit Zukunft, Bern 1989.

WEBER, WOLFGANG / WEINMANN, JOACHIM (Hrsg.): Strategisches Personalmanagement, Stuttgart 1989.

WEINERTH, HANS: Weiterbildung für Ingenieure, in: Staudt, Erich (Hrsg.): Das Management von Innovationen, Frankfurt 1986, Seite 394–411.

WILDEMANN, HORST: Die modulare Fabrik, München 1988.

Anhang

Anhang 1: Checkliste „SKILL-Planung"

Kriterium	Frage / Meßvorschrift	Fiktives Beispiel
Personengruppe	Welche Probanden?	Ingenieure
Gremien der Mitbestimmung	Welche rechtlichen Bedenken sind einzubeziehen? Können Konflikte mit dem Betriebsrat auftreten? Einwände seitens des Datenschutzbeauftragten?	Rechtzeitige Einbeziehung von Betriebsrat und Datenschutzbeauftragten
Akzeptanz der Methode	Ist die Methodenakzeptanz seitens des Betriebsrates gewährleistet? Seitens der betroffenen Mitarbeiter? Unterstützen die Führungskräfte und das Management die Planungsmethode?	Durch offene Informationspolitik können Akzeptanzschwierigkeiten reduziert werden (vgl. Göbel / Schlaffke 1987: 40).
Eindeutigkeit	Sind die Methoden und Daten genau beschrieben? Lassen sich die einzelnen Verfahrensschritte exakt festlegen?	Informationsveranstaltungen für Führungskräfte, eine genaue Informationsbeschreibung ist dem SKILL-Planer beigefügt
Praxiserprobung	Gibt es bereits Erfahrungen über diese Methode in anderen Betriebsbereichen?	Wenn ja, Erfahrungen einbeziehen
Form der Datenerhebung	Wie?	Standardisierter Fragebogen
Wirtschaftlichkeit	Kosten-Nutzen-Relation?	Nicht direkt quantifizierbar
Akzeptanz der Computerunterstützung	Wird die Computerunterstützung vom Management, von den Mitarbeitern und vom Betriebsrat unterstützt?	
Datenvolumen	Wie groß ist die Erhebung?	ca. 2000 bit pro Mitarbeiter
Erhebungshäufigkeit	Halbjährlich, jährlich ...?	Voraussichtlich einmal im Jahr
Zugriffsmöglichkeiten	Wer auf welche Daten?	Führungskräfte: Datenblätter der ihr unterstellten Mitarbeiter; Mitarbeiter auf persönlichen SKILL (bei Anfrage); Datenbankadministrator auf alle Daten (Personenidentifikation nicht möglich)
Dateneingabe	Welche Art und Weise?	Erfassung auf maschinell nicht lesbaren Datenträgern mit anschließendem Datenträgertransport
Art der Verarbeitung	Wie?	Durch ein Softwaresystem auf der Basis einer relationalen Datenbank

Quelle: Müldner/Waldschütz 1986

Anhang 2: Auszug aus dem Tarifvertrag der Metallindustrie Nordwürttemberg/Nordbaden 1988

§ 3 Qualifizierung der Beschäftigten

Qualifikationsbedarf

3.1
Um die Beschäftigten rechtzeitig auf aktuelle und zukünftige Anforderungen, die sich aus technischen und organisatorischen Veränderungen ergeben haben oder zukünftig ergeben werden, zu qualifizieren, ermittelt der Arbeitgeber den jeweiligen Bedarf an Qualifikation.

Qualifizierungsinteressen der Beschäftigten

3.2
Mit dem Betriebsrat ist der vom Arbeitgeber ermittelte Qualifikationsbedarf einmal jährlich zu beraten. Der Betriebsrat kann sich dazu bei den Beschäftigten informieren und im Betrieb sachkundig machen. Er kann die Qualifizierungsinteressen der Beschäftigten in die Beratung einbringen.

Beratungsgespräche

3.3
Auf der Grundlage der Beratungsgespräche legt der Arbeitgeber mindestens einmal jährlich den tatsächlichen zu deckenden betrieblichen Qualifikationsbedarf fest.
Dabei sind außer den betrieblichen Belangen im Rahmen des Möglichen auch die Qualifizierungsinteressen der Beschäftigen zu berücksichtigen.

Qualifizierungsmaßnahmen

3.4
Im Rahmen des festgelegten Qualifikationsbedarfs werden Art, Umfang und Durchführung der Qualifizierungsmaßnahmen mit dem Betriebsrat beraten. Die dafür in Betracht kommenden Beschäftigten sollen durch diese Qualifizierungsmaßnahmen eine

Qualifikation erreichen können, mit der sie bezogen auf ihre bisherige Tätigkeit
- eine andere gleichwertige Arbeitsaufgabe
- eine zusätzliche gleichwertige Arbeitsaufgabe
- eine höherwertige Arbeitsaufgabe

ausführen können. Solche Qualifizierungsmaßnahmen sind diejenigen Maßnahmen, die der Arbeitgeber in Rahmen des festgelegten Qualifikationsbedarfes zielgerichtet dazu einsetzt, um im Hinblick auf die festgestellten technisch und organisatorisch bedingten Veränderungen der Anforderungen oder Arbeitsaufgaben Qualifikationslücken zu schließen. Diese Maßnahmen sind zeitlich begrenzt und inhaltlich klar gegliedert. Nicht gemeint ist der ständig notwendige Anpassungsprozeß der Qualifikation der Beschäftigen, wie er zum Beispiel durch Erfahrung oder Unterweisung geschieht. Keine Qualifikationsmaßnahmen im Sinne dieser Bestimmung sind

- Maßnahmen, die nicht dem festgelegten Qualifikationsbedarf entsprechen, sondern der allgemeinen Weiterbildung oder allgemeinen beruflichen Fortbildung des Beschäftigen dienen und für die Ausführung der übertragenen Arbeitsaufgabe nicht erforderlich sind,
- Führungsseminare

3.5
Um allen geeigneten Beschäftigten die Möglichkeit zu eröffnen, an den Qualifizierungsmaßnahmen gemäß § 3.4 Abs. 2, soweit sie ihrer Bestimmung nach nicht auf bestimmte betriebliche Funktionen oder Beschäftigte begrenzt sind, teilzunehmen, sind diese Qualifizierungsmaßnahmen in geeigneter und betriebsüblicher Weise zu veröffentlichen.

betriebsübliche Veröffentlichung

Bei der Durchführung der Qualifizierungsmaßnahmen gemäß § 3.4 Abs. 2 hat der Betriebsrat gemäß § 98 BetrVG mitzubestimmen.

Kosten der Qualifizierung

3.6
Die Kosten der Qualifizierungsmaßnahmen werden, soweit sie nicht von Dritten übernommen werden, vom Arbeitgeber getragen.

Fortzahlung des Entgelts

Die Zeit der Qualifizierungsmaßnahme sowie die innerhalb der vereinbarten individuellen regelmäßigen wöchentlichen Arbeitszeit liegende Reisezeit gelten als Arbeitszeit; das Monatsentgelt wird fortgezahlt.

3.6.1
Soweit die Qualifizierungsmaßnahme außerhalb der vereinbarten täglichen oder wöchentlichen regelmäßigen Arbeitszeit stattfindet, wird die aufzuwendende Zeit ohne Mehrarbeitszuschlag vergütet oder auf Wunsch des Beschäftigten ganz oder teilweise durch bezahlte Freizeit ausgeglichen. Dabei sind die betrieblichen Belange zu berücksichtigen.

3.6.2
Reisezeit, soweit sie auf Samstage, Sonn- oder Feiertage fällt, wird zuschlagsfrei wie Arbeitszeit vergütet. Bestehende betriebliche Regelungen bleiben unberührt.

3.6.3
Bei ganztägigen Qualifizierungsmaßnahmen wird das Entgelt weiterbezahlt, die ausgefallene Arbeitszeit an diesem Arbeitstag gilt als erfüllt.

3.6.4
§ 11.3.2 gilt entsprechend

3.7
Beschäftigte, die an einer Qualifizierungsmaßnahme gemäß § 3.4 Abs. 2 mit Erfolg teilgenommen haben, und bezogen auf ihre bisherige Tätigkeit eine höherwertige oder zusätzliche gleichwertige Arbeitsaufgabe übertragen bekommen, werden entsprechend der Bewertung ihrer Arbeitsaufgabe(n) nach Maßgabe der tariflichen Bestimmungen eingruppiert und bezahlt.

Höhergruppierung

3.8
Beschäftigte, die keine höherwertige oder zusätzlich gleichwertige Arbeitsaufgabe übertragen bekommen, obwohl die Qualifizierungsmaßnahme gemäß § 3.4 Abs. 2 zur Übertragung einer Tätigkeit in einer höheren Lohn- oder Gehaltsgruppe führen sollte, erhalten ab dem vierten Monat nach Ablauf des Monats, in dem die Qualifizierungsmaßnahme gemäß § 3.4 Abs. 2 mit Erfolg abgeschlossen wurde, einen Zuschlag in Höhe von 3 Prozent des Monatsgrundlohns oder Tarifgehaltes ihrer bisherigen Lohn- oder Gehaltsgruppe.
Der Zuschlag wird mindestens für 10 Monate bezahlt. Er fällt zum Zeitpunkt der Erhöhung des Monatsgrundlohnes oder Tarifgehaltes weg, die auf diesen Zeitraum folgt.
Der Zuschlag entfällt spätestens mit Übertragung einer der erworbenen Qualifikation entsprechenden Arbeitsaufgabe.

Zuschlag

3.9
Beschäftigte, die an einer Qualifizierungsmaßnahme gemäß § 3.4 Abs. 2 mit Erfolg teilgenommen haben, sind verpflichtet, die dadurch erreichte Qualifikation einzusetzen, soweit ihnen entsprechende Arbeitsaufgaben übertragen werden. Kommen sie dieser Verpflichtung nicht nach oder lehnen sie die

Verpflichtung

Übernahme einer entsprechenden Arbeitsaufgabe ab, verlieren sie mit Ende des laufenden Abrechnungszeitraumes ihren Anspruch auf den Zuschlag.

Betriebsrat

3.10
Ergänzende Bestimmungen können im Rahmen des § 98 BetrVG mit dem Betriebsrat geregelt werden.

Stichwortverzeichnis

A
Anforderungskatalog 75, 107
Anforderungswandel 42
Arbeitsmarkt 11 ff., 22, **24 ff.**, 51, 125
Arbeitsorganisation 16, 38
Arbeitsplatzprofil 60, 94
Arbeitsstrukturveränderung 15
Arbeitsteilung 16, 36
Arbeitszielsetzung 96, 99
Ausbildung 12, 52, 84, 94, 109
Automation 18

B
Bedarfsermittlung 59
Betriebsingenieur 75 ff.
Bildung 20, 47
Bildungsarbeit 52 ff., 69
Bildungsniveau 20

C
Chip 53
CIM 22, 36, 82
CNC 58

D
Darwin 54
DELTA-Analyse 98, 104, 118
Dienstleistung 19, 32, 42, 51, 67

E
Einstellung 12
Erfolgsplanung 14

F
„Fabrik der Zukunft" 22, 32, 38 ff., 69, 75
Fachführungskraft 51, 65, 79
Fachliche Kompetenz 108
Flexibilität 18, 22, 28, 43 f.
Forschung und Entwicklung 22, 30
Führungskräfte-Entwicklung 12

H
Halbwertszeit 56
Handlungskompetenz 22, 40
Human-Relation-Bewegung 33

I
Innovation 13, **28 ff.**, 54, 67
Innovationswiderstände 52
IST 60, 101 ff., 110 ff., 115 ff.
IST-Profil 84, 94, 102, 109 ff.

J
„just in time" 22, 95

K
Konkurrenz 16, 31, 97
Konkurrenzbedingungen 12, 13, 36
Konkurrenzdruck 18, 20
Kooperation 30, 75, 79, 81, 97
Kreativität 18, 30, 32, 68
Kundenorientierung 43

L

Lebenslanges Lernen 56, 127

M

Marketing 22, 78
Methodische Kompetenz 57, **82 f.**, 92, 108, 121
Mitarbeiterberatung 96 f.
Mitarbeiterbeurteilung 12
Mitarbeitereinsatz 12
Mitarbeiterentwicklung 14, 40, 107, 110, 118
Mitarbeiterförderung 96 f.
Mitarbeiterprofil 45, 98
Mitarbeiterqualifikation 12, 13, 49, 68, 127

O

„on the job" 55, 100, 104, 112, 124
Organisationsstruktur 20 ff., 35, 39, 82
Outplacement 12, 28, 100, 121

P

Personalabbau 24
Personalbeurteilungssystem 58, 61
Personalentwicklung 14, 49, 78, 99, 100
Personalinformationssysteme 43, 44, 60, 67
Personalplanung 40, 45, 60, 62
Personalpolitik 11 ff., 24, 27
Personalstruktur 14, 40
Personalwirtschaft 15, 49
Produktinnovation 29, 34
Produktion 16, 22, 35, 40, 50, 72, 95

Produktionseinheiten 38, 75
Produktionstechniken 15
Produktivität 31
Produktqualität 22
Produktzyklen 18, 36, 50

Q

Qualifikation 11, 15, 50 ff., 59, 65 ff. 113 ff., 120 ff.
Qualifikationsanalyse 91, **116 f.**
Qualifikationsanforderungen 22, 60, 62
Qualifikationsdefizit 62, 64, 105, 118
Qualifikationsniveau 18, 20, 40, 100
Qualifikationsplanung 12, 51, 62, 65, 119
Qualifikationsprofil 11, 60, 75, 91
Qualifikationssteigerung 58, 98, 105, 112
Qualifikationsvielfalt 74
Qualifizierungskonzepte 11

R

Rationalisierung 24
Ressourcenplanung 44
Roboter 18
Rotation 65, 99, 104, 112, 124

S

Schlüsselqualifikation 74, 79, 80
Schulungsangebot 65, 113, 126
„scientific management" 11, 33
SKILL 12, 76, 95, 98, 102, 113, 116 ff., 126
SKILL-Analyse 91, 94 f., 99, 100, 110

SKILL-Board 62, 72 ff., 88, 92, 101, 107 ff.
SKILL-Management 11 ff., **49 ff.**, **62**, 92, 106, 127 f.
SKILL-Management-Aspekte 12, 40
SKILL-Management-Kultur 92, 115
SKILL-Planer 13, 90 ff., 100 ff., 106 ff., 111 ff., 123 ff.
SKILL-Planung **62**, 70, 77, 89, 113 f., 128
SKILL-Planungsblatt 88, 93, 101, 104, 109, 114
SKILL-Plus **100**, 104, 112 ff.
SKILL-Profil 79
SKILL-Stufen 84 ff., 128
SOLL 60, 74, 102, 108, 110 f., 118
SOLL-IST-Vergleich 80, 84, 101, 118
SOLL-Katalog 78, 84
SOLL-Profil 84, 92ff, 98, 99, 101, 109ff
SOLL-Struktur 80, 92
Soziale Kompetenz 57, 78, **80**, 92, 108, 121
Sozialinnovation 29

T
Tarifvertrag 126, 136
Taylor 16, 33, 68
Teamkonzept 21
Technologischer Wandel 13, 18, 25, 36, 53
Teilautonome Arbeitsgruppen 22, 37

U
Überqualifikation 68
Umschulung 12, 24, 99, 105
„Unternehmen der Zukunft" 21, 22, 40, 62, 115
Unternehmensführung 18, 42
Unternehmenserfolg 14
Unternehmenskultur 30
Unternehmensplanung 11, 40, 42, 47, 69
Unternehmensstrategie 42, 106, 123

V
Verfahrensinnovation 29
Vertrieb 22, 78
Verwaltung 78
Verwaltungsabläufe 15
Vorruhestand 28, 121

W
Wandel 13, 31, **46**, 53, 68
Weiterbildung 12, 40, 65, 92, 100, 114
Weiterbildungsangebot **100**, 113
Weiterbildungskonzept 58
Weiterbildungsplanung 91, 106
Wertewandel 21, 34, 45
Wettbewerb 25, 33, 95
Wettbewerbsfähigkeit 20, 22, 38, 51, 118
Wettbewerbsvorteile 31, 42, 44
Wirtschaftswachstum 24, 27
Wissens- und Qualifikationsgebiete 74, 105, 107 f., 113, 128
Wissens-und Qualifikationskatalog 69, 77 f.

Die Autoren

Werner G. Faix
Dr. rer.nat., geboren 1951, ist Leiter der Hauptabteilung Schulung und Personalentwicklung im Werk Sindelfingen der IBM Deutschland GmbH und Lehrbeauftragter der Abteilung Pädagogik des Institutes für Philosophie, Pädagogik und Psychologie der Universität Stuttgart.

Christa Buchwald
Dipl.-Ing. (FH), geboren 1958, ist Leiterin der Schulung und verantwortlich für den SKILL-Planungsprozeß im Werk Sindelfingen der IBM Deutschland GmbH.

Rainer Wetzler
cand. phil., geboren 1961, studiert Soziologie und Politikwissenschaft an den Universitäten Tübingen und Uppsala (Schweden).

Jacobi, Jens-Martin
13 Leitbilder des Managers von morgen
1989, 140 S., Geb. DM 38,-
ISBN 3 409 19134 8
Jeder, der sich mit diesem Buch beschäftigt, erhält die Chance, seine persönliche Wirkung auf andere zielgerichtet zu verbessern und damit die Qualität seiner Ausstrahlung zu erhöhen.

Kraushar, Peter
Unternehmensentwicklung in der Praxis
1989, 286 S., Geb. DM 68,-
ISBN 3 409 19659 5
Falsche Markteinschätzung, personelle Fehlbesetzung sind häufig Ursachen für Mißerfolge bei der Unternehmensentwicklung. Das Buch zeigt am Beispiel namhafter Unternehmen Erfolge und Fehlschläge auf.

Darazs, Günter H.
Computer-Dimensionen
1988, 271 S., Geb. DM 68,-
ISBN 3 409 18700 6
„...Das Buch bietet nicht nur umfassendes informationstechnologisches Know-how, sondern stellt auch dessen Einsatz verständlich und anwendungsorientiert dar. Somit ist es ein wichtiger Begleiter auf dem Weg in die Informationsgesellschaft von morgen. ..."
VDI Nachrichten 6.89

Maderthaner, Wolfgang
Der Kundenmanager
1987, 176 S., Geb. DM 64,-
ISBN 3 409 13713 0
„..., beschreibt die Instrumente für die Umsetzung des Kunden-Management-Konzeptes und belegt an Unternehmensbeispielen, wie dieses Konzept in der Praxis funktionieren kann."
absatzwirtschaft 3/88

Hirzel, Matthias
Managementeffizienz
4., erweiterte Auflage 1988, 265 S., Geb. DM 69,-
ISBN 3 409 49618 1
Dieser bewährte Ratgeber gibt praktische Anregungen und hilft, Fehler zu vermeiden. Die Neuauflage wurde um das Thema „Vortrag und Präsentation" erweitert.

Menz, Adrian P.
Menschen führen Menschen
1989, 232 S., Geb. DM 68,-
ISBN 3 409 13124 8
„...Das Buch zeigt, wie Unternehmen menschlicher, Vorgesetzte verbindlicher und Mitarbeiter unternehmerischer werden. ..."
Platow Brief

Pinchot, Gifford
Intrapreneuring
1988, 400 S., Geb. DM 78,-
ISBN 3 409 18702 2
„... ist ein Leitfaden für Unternehmer und Manager, diese besondere Spezies ... gezielt zu fördern ..."

McNeil, Art
Die Kraft im Zentrum
1989, 192 S., Geb. DM 58,-
ISBN 3 409 19124 0
Anhand von "Trainingsspielen" und Checklisten kann der Manager die zahlreichen Tips und Anregungen aus diesem Buch in der betrieblichen Praxis erproben und seine persönliche Einstellung analysieren.

Heintel, Peter /
Krainz, Ewald E.
Projektmanagement
1990, IX, 250 S.,
Geb. DM 68,-
ISBN 3 409 13201 5
Dieses Buch zeigt Perspektiven auf, wie der Widerspruch zwischen entgegengesetzten Organisationsprinzipien in einer Organisation zu handhaben ist.

Oess, Attila
Total Quality Management
1989, 218 S., Geb. DM 68,-
ISBN 3 409 13622 3
Dieses Buch liefert detaillierte Handlungsanweisungen für die Umsetzung im Unternehmen.

Achterholt, Gertrud
Corporate Identity
1988, 208 S., Geb. DM 78,-
ISBN 3 409 13620 7
Nach einer Bestandsaufnahme beschreibt die Autorin theoretisch fundiert und in der Praxis nachvollziehbar wie eine Corporate Identity zu planen, zu organisieren und umzusetzen ist.

GABLER

Management Perspektiven

Führungskräfte in der Wirtschaft stehen täglich vor neuen Herausforderungen. Sie brauchen Visionen, die ihnen den Weg in die Zukunft aufzeigen. Genauso wichtig sind aber auch praktische Handlungsanweisungen, die eine Verbindung vom Heute zum Morgen herstellen.

Voigt, Jörn F.
Die vier Erfolgsfaktoren des Unternehmens
1988, 202 S., Geb. DM 68,-
ISBN 3 409 13203 1
„... Es erinnert in seiner erfrischenden Sprache und Darstellung sehr an amerikanische Management-Lektüre. Dazu tragen auch die vielen, praktischen Beispiele bei, ...“
Die Welt 17.9.1988

Arthur D. Little Intern. (Hrsg.)
Management des geordneten Wandels
1989, 221 S., Geb. DM 68,-
ISBN 3 409 13345 3
„... vermittelt das Buch eine hochkonzentrierte Portion wertvoller Tips und Denkanstöße für Unternehmer. Das ist natürlich eine Empfehlung wert.“
Markt & Technik 16.6.1989

Schulz, Dieter u.a.
Outplacement
1989, 180 S., Geb. DM 68,-
ISBN 3 409 13837 4
Outplacement - durchgeführt von kompetenten Beratern - ist die optimale Lösung in einer beruflichen Situation, die keinen anderen Ausweg als die Trennung zuläßt. In diesem Buch wird erstmalig der Gesamtkomplex behandelt.

Gabler Management Perspektiven stellt sich diesem Anspruch, schlägt neue Wege ein, bietet Leitbilder, ohne den Bezug zur Realität zu verlieren. Die Autoren sind kompetente und überaus erfolgreiche Praktiker - oft mit fundierter wissenschaftlicher Ausbildung -, die verständlich und leicht lesbar Trends aufgreifen, Perspektiven eröffnen, eigene Erfahrungen weitergeben und Instrumente für zukunftsorientiertes Handeln liefern. Sie machen Visionen zu erreichbaren Realitäten. Ihre Erkenntnisse können die Leser unmittelbar umsetzen und damit ihr Unternehmen zum Erfolg führen.

Gabler Management Perspektiven sind eine anregende Lektüre für alle Entscheidungsträger, die Chancen der Zukunft für sich selbst und für ihre Unternehmen nutzen und ihrer Konkurrenz einen Schritt voraus sein wollen.

Weitere Informationen erhalten Sie bei Ihrem Buchhändler oder direkt vom Verlag, Taunusstr. 54, 6200 Wiesbaden

MIX
Papier aus verantwortungsvollen Quellen
Paper from responsible sources
FSC® C105338

If you have any concerns about our products,
you can contact us on
ProductSafety@springernature.com

In case Publisher is established outside the EU,
the EU authorized representative is:
**Springer Nature Customer Service Center GmbH
Europaplatz 3, 69115 Heidelberg, Germany**

Printed by Libri Plureos GmbH
in Hamburg, Germany